U0089517

# 古代歷史文化研究輯刊

## 四 編

王 明 蓀 主編

## 第31冊

# 變革的新取徑：晚清學會運動
## ——江蘇省區域性探究（1895～1911）

何 思 瞇 著

國家圖書館出版品預行編目資料

變革的新取徑：晚清學會運動——江蘇省區域性探究（1895
～1911）／何思瞇 著—初版—台北縣永和市：花木蘭文化
出版社，2010〔民99〕
序4+目2+170面；19×26公分
（古代歷史文化研究輯刊 四編：第31冊）
ISBN：978-986-254-251-4（精裝）
1. 戊戌政變　2. 晚清史
627.87　　　　　　　　　　　　　　　　　　99013203

ISBN - 978-986-254-251-4

9 789862 542514

古代歷史文化研究輯刊
四 編 第三一冊　　　　　　　　ISBN：978-986-254-251-4

**變革的新取徑：晚清學會運動**
**——江蘇省區域性探究（1895～1911）**

作　　者　何思瞇
主　　編　王明蓀
總 編 輯　杜潔祥
印　　刷　普羅文化出版廣告事業
出　　版　花木蘭文化出版社
發 行 所　花木蘭文化出版社
發 行 人　高小娟
聯絡地址　台北縣永和市中正路五九五號七樓之三
　　　　　電話：02-2923-1455／傳真：02-2923-1452
電子信箱　sut81518@ms59.hinet.net
初　　版　2010年9月
定　　價　四編35冊（精裝）新台幣55,000元　　　版權所有‧請勿翻印

# 變革的新取徑：晚清學會運動
## ——江蘇省區域性探究（1895～1911）

何思瞇　著

## 作者簡介

何思眯：國立政治大學史學博士，曾任國史館協修，現任國立編譯館編審，國立中央大學歷史研究所兼任副教授。主要研究領域：中國近現代史、文化史、教育史等。重要著作：《臺北縣眷村調查研究》、《抗戰時期的專賣事業（1941～1945）》、《抗戰時期的專賣史料》、《抗戰時期美國援華史料》、〈近代中國捲煙工業之發展〉、〈抗戰後期的火柴工業與專賣之實施（1941～1945）〉、〈近代中國火柴工業之發展（1860～1937）〉、〈戰後新加坡華文教育初探（1946～1980）〉等。

## 提　　要

　　本書以江蘇省作為區域研究，期籍此以探討晚清學會運動的組織結構與變遷，並略窺晚清學會運動發展之一隅。全書主要內容除敘述晚清學會發展之社會文化內涵與興辦目的，並分別論述清光緒二十一年（1895）至宣統三年（1911）期間上海和江蘇省各地學會發展溉況。綜觀江蘇省各地學會發展，上海地區學會初期以啟蒙和改良社會風俗習慣者為較多，呈現溫和之社會改革傾向，後期之學會發展除屬學術藝文方面之學會外，則以立憲、拒外方面之學會為其發特色；江蘇省其他地區學會發展，前期較為保守，傾向傳統，著重於中體西用，後期則呼應立憲運動，以教育會和地方自治會為主。晚清學會雖是傳統學社與現代社團之間的一個過渡，發展時間亦不長，但是它們的宣傳與各項活動卻與當時社會文化思潮結合，促成中國學術性會社組織的現代化，並孕育民國時期五四運動思潮之契機。

# 目次

序

第一章　晚清學會運動的興起⋯⋯⋯⋯⋯⋯⋯⋯⋯ 1

　　第一節　學會興起之社會思潮與衝擊⋯⋯⋯⋯⋯ 1

　　第二節　學會義涵與倡導⋯⋯⋯⋯⋯⋯⋯⋯⋯⋯ 7

第二章　戊戌政變前江蘇省的學會發展

　　　　　（1895〜1898）⋯⋯⋯⋯⋯⋯⋯⋯⋯ 17

　　第一節　上海強學會的創設與發展⋯⋯⋯⋯⋯⋯ 17

　　第二節　上海地區學會發展與活動概況⋯⋯⋯⋯ 26

　　第三節　上海以外江蘇省各地學會組織與活動

　　　　　　概況⋯⋯⋯⋯⋯⋯⋯⋯⋯⋯⋯⋯⋯⋯ 43

第三章　庚子事變以後江蘇省的學會發展

　　　　　（1900〜1911）⋯⋯⋯⋯⋯⋯⋯⋯⋯ 51

　　第一節　上海地區之學會組織與活動概況⋯⋯⋯ 51

　　第二節　上海以外江蘇省各地學會運動發展概況⋯ 96

第四章　江蘇省學會組織功能、活動與發展特色⋯ 107

　　第一節　學會組織功能與活動特色⋯⋯⋯⋯⋯⋯ 107

　　第二節　學會領導階層之特色⋯⋯⋯⋯⋯⋯⋯⋯ 122

　　第三節　學會之時空分布意義與特色⋯⋯⋯⋯⋯ 139

第五章　學會的轉型與影響──代結語⋯⋯⋯⋯⋯ 149

附圖：晚清江蘇省學會分布圖⋯⋯⋯⋯⋯⋯⋯⋯⋯ 157

參考書目⋯⋯⋯⋯⋯⋯⋯⋯⋯⋯⋯⋯⋯⋯⋯⋯⋯ 159

# 序

　　十九世紀末滿清政府統治下的中國，正面臨著如何從傳統唯我獨尊的大國思維徹底改變，學習如何和西方列強以對等的國家立場，進行國與國之間的交流。然而，這些自覺與改變，一直要到清光緒二十年（1894）中日第一次戰爭，向來是亞洲地區龍首大國的中國，居然在戰爭中敗給一向被視為蕞爾小國的日本，才讓長久以來掌握知識與文化傳承脈動的上層統治者與士紳階級有所警覺，體認到當時的中國已貧弱至幾乎滅亡之途，中國民族已面臨空前未有之變局。

　　次年（1895），當時曾經留學英國接受西方教育洗禮的學紳——嚴復，發表「原強」一文，引用西方達爾文主義（Darwinism）物競天擇、適者生存的理論，主張中國再不自救，將有亡國滅種之危機，觸動及加深了有識之士的危機存亡意識；而列強對中國的掠奪，從先前和緩、著重於經濟利益，以已簽訂之不平等條約內容為滿足的態度，一變而為全面性強化利權之爭奪、強租沿海港灣、爭奪中國鐵路與礦務、劃分勢力範圍等積極策略，使得長久以來關注於國家未來發展的各地有識之士不得不深思探索中國存亡之道。

　　在研究了解近代西方富強之道時，當時的中國知識分子發現在進步開明的西方世界中，凡是教育普及社會文化發達的國家，國家較易趨於富強。國家社會進行改革的過程中，教育與文化的推展扮演著重要的角色，特別是學校的設立，學會的興辦（一直到今日學術性的社團），以及報刊雜誌的發行更是該國教育與文化發展的重要指標。因此，在思圖效法與變革的過程中，學會運動於是成為晚清士紳救國的新取徑之一。

　　其時，康有為在上書給清光緒皇帝的第二書中，主張要全國成立各種農

會、工會、商會等以振興人才，而在北京「強學會序」中更指出應立學會以
救國，他說：

> 普魯士有愛國之會，遂報法仇，日本有尊攘之徒，用成維新，蓋學
> 業以講求而成，人才以摩屬而出，合眾人之才力，則圖書易龐，合
> 眾人之心思，則聞見易通；易曰：君子以朋友講習，論語曰：百工
> 居肆，以成其事，君子學以致其道，海水沸騰，耳中夢中，礮聲隆
> 隆，凡百君子，豈能無淪胥非類之悲乎？（梁啟超，《戊戌政變記》，
> 頁 239～240）。

於是在康有為、梁啟超等有心之士的大聲疾呼下，自清光緒二十一年（1895）
北京強學會成立後，全國各地紛紛設立學會，使學會成為當時知識分子為救
國救民，從而行使之正常和平的一種救國運動。

由於江蘇省開發甚早，戰國時代為吳國之地，此後逐漸發展，至南宋以
後由於經濟發展與政治中心的轉移，人才漸多，成為民智早開、文發鼎盛之
區。清代更有大江南北岸及夾浙水之東西，實近代人文淵藪之區的美譽，人
才輩出、思想豐富。尤其是道光以後蘇州、常州、揚州等地區倡導經世致用
學者如：龔自珍、馮桂芬、王韜、薛福成等人，為求中國富強而提出的變革
思想言論，深深影響當時士子救國的心靈。

清中葉以降，受惠於中國沿海、長江出海口優勢的地理環境影響，以及
上海地區、鎮江、南京等各區域的開埠，不僅江蘇省風氣大開且經濟逐漸繁
榮；而西學及各種近代西方科技文明的輸入，更開啟了士紳們求取新知的思
潮，使得受西方會社觀念啟發之學會在江蘇省，尤其是上海地區被強力的推
展，並顯得特別發達。

本文即以江蘇省作為區域研究，期籍此以探討晚清士紳為救亡圖存進行
變革，取徑學會之方式，及學會運動的組織結構與變遷等，並略窺晚清學會
運動發展之一隅。除第一章敍述晚清學會創興之旨趣，學會的性質、內涵和
目標，以及其為清末士紳為救亡而採取的救國之一重要途徑外，第二、三章
分別敍述自清光緒二十一年（1895）至光緒二十四年（1898），光緒二十六年
（1900）至宣統三年（1911）期間江蘇省各地區學會興設概況。根據相關資料
顯示，上海地區學會發展初期以啟蒙和改良社會風俗習慣者為較多，呈現溫
和之社會改革傾向；後期之學會發展除學術藝文方面之學會外，以立憲、拒
外方面之學會為其發特色。上海以外之江蘇省各地區學會發展，前期顯得較

為保守並傾向傳統，以著重於中體西用方面的學會為主，後期則配合清之立憲運動，而以教育會和地方自治會為主。第四章將江蘇省學會運動之組織活動特色、領導階層、在時間和地域上分布所顯示的意義等做一綜合性的分析，期對江蘇省學會運動所扮演的角色做全面性的了解。第五章以學會的衝擊與影響就江蘇省學會運動之發展與成效做論述代結語。

在本文撰寫之初，由於當時諸多資料取得不易，在資料上之運用主要引用方志、《皇朝經世文統編》、《皇朝蓄艾文編》、《清史稿》、《戊戌變法文獻彙編》、《戊戌變法檔案史料》、《清末籌備立憲檔案史料》、《上海市通志館期刊》、《上海研究資料》、《上海研究資料續集》，以及當時出版之報刊《時務報》、《江蘇》、《東方雜誌》、《湘報類纂》；而張玉法院士著之《清季的立憲團體》，王爾敏教授著之〈清季學會彙表〉則給予很多資料線索之指引。這次校正修改時，並參閱一些較新出版的資料，特別是大陸出版的相關書籍、期刊論文，然因限於能力及環境因素，許多資料仍待蒐集補充，不足之處尚祈讀者能予以指正。

撰者於求學期間，受業於蔣永敬教授、王壽南教授、李雲漢教授、林能士教授等諸位老師，沉浸於中國近現代史中國家社會興衰及經濟發展的時代波濤中，受益匪淺，至今銘感在心；而本篇論文指導教李師定一教授雖已至仙境，但其諄諄教誨與啟發，給予莫大的鼓勵與指引，而其知識救國的胸懷，更是當今士人立身處世之師法者，謹此致上最誠摯的謝忱。最後，感謝在我跌跌撞撞的生命中從旁照顧、關心和協助的摯友們樹華、同慧、麗珍、詹瑋，以及始終無私的給予最大支持的父親與母親，不以我的任性與見識的淺薄為意，在他們的包容、寬恕與睿智下，讓我得以勇敢的築夢。

這次這篇論文的修正出版不僅是做為一個紀念，且為個人在學習之旅的重新省思，書中的任何不足之處和疏失，尚請讀者不吝指正，俾供日後參考修訂。

# 第一章　晚清學會運動的興起

近代中國學會運動起自清光緒二十年（1894）中日甲午戰爭以後，康有為、梁啓超等人在北京發起之強學會。其後，至民國初年，各種學會，如雨後春筍般在各地興起，並在中國社會和思想界中掀起一股風潮，成為中國知識分子求變求新、追求富強的重要途徑之一。

## 第一節　學會興起之社會思潮與衝擊

### 壹、群體意識的覺醒

近代中國自清道光、咸豐年間以降，隨著西力東漸，面臨著三千年來未有之大變局。在西方列強勢力的侵略與壓迫下，中國社會普遍存在著一種嚴重的受挫群體心理，以及強烈的存亡自覺。無論是士紳知識分子或是販扴走卒，所迫切關懷的是如何克服此一劇變，拯救國家。

清光緒二十年（1894）中日甲午戰爭，泱泱大國的中國竟然一戰而敗於蕞爾小國的日本，割地賠款、喪權辱國的不平等條約，不僅是「天朝」世界觀的澈底粉碎，更是廣泛的文化意識的莫大屈辱與群體情緒的嚴重挫折。於此，促使中國多數知識分子的覺醒，並意識到西方各國或才在亞洲崛起的日本，其國家之富強除了船堅礮利外，政教昌明、社會文化之發達才是強盛因素，因此中國如欲富國強兵，必須從事於社會文化的變革。最重要的是，有識之士意識到救國非一己之力能為，必須結合眾人之力量，方足以力挽狂瀾，推展各種救國運動，以達其理想目標，而此舉莫過於學會運動的蓬勃發展。易言之，知識分子瞭解到以學會結合聯絡廣大的群眾，使之團結、學習傳播

新知。以開啓知識、風氣是救國的方式之一。

　　清中葉以降，中國積弱不振，列強京吞鯨食，原因之一即全國人民缺少一股強大的內聚力，有如一盤散沙，所謂「日出而作，日落而息，帝力於我何有哉！」的觀念，形成人民但「知有天下而不知有國，知有一己而不知有國家」〔註1〕的局面，當國家面臨危危急急存亡之秋時，就無法合眾禦敵，中日甲午戰爭，有學者認爲這場戰爭乃是以「李鴻章一己之力，對抗日本全國，焉能不敗？」〔註2〕此話雖然或不免過於武斷，但也說明在面對西力東漸新時代的來臨時，中國缺乏西方國家核心價值之群體意識。

　　清光緒二十一年（1895），曾經留學英國的嚴復（1853～1921）〔註3〕受到甲午戰爭中國戰敗的嚴重刺激，開始將他從英國學習到的「西方的富強之道」引進中國，著手翻譯英國學者赫胥黎（Thomas Henry Huxley,1825～1895）的著作《進化論與倫理學》（中文譯名爲《天演論》），系統的介紹達爾文的物種進化論，但是嚴復的重點不在介紹自然界生物進化的原理，而是在於國家的存亡亦如生物生存原則──物競天擇適者生存。接著嚴復一連發表了〈論世變之亟〉、〈原強〉、〈救亡決論〉、〈闢韓〉等四篇文章，〔註4〕討論時局，並企圖喚醒國人長久以來已經遺忘之國家意識。這四篇文章代表著嚴復對當時世界的整個看法和他以後思想的一切基本觀念，也是首次將西方的社會達爾文主義明文介紹至中國。他認爲西方各國富強的根基在於有豐富的社會資源及學術思想，因此尋求富強的中國所缺乏的不在於西方的技術或科學思想，

---

〔註1〕 梁啓超，〈新民說〉，《飲冰室文集類編》（臺北：華正書局，民國63年，初版），上，通論，頁122。

〔註2〕 李定一，《中國近代史》（臺北：中華書局，民國42年，初版），頁169～177。

〔註3〕 嚴復字幾道，又字又陵，生於清咸豐三年（1853）。清光緒三年（1877）清政府派遣福州船廠學生赴歐學習，嚴復爲其中一員，他在同治六年至十一年（1867～1872）曾受到船政學校馬江學堂教育，精通英文，赴英後修習數學、物理、化學、航海等海事課程，是清季少數較早直接接受西方教育者。他回國後，初任船政學堂教習，翌年改任天津學堂教習，至光緒十五年（1889）任水師學堂會辦、總辦，在此期間他不斷致力於追求西方各國富強之道。參見周振甫編，《嚴復思想述評》（臺北市：臺灣中華書局，民國53年，臺一版）；王蘧常撰，《嚴幾道年譜》（臺北：臺灣商務印書館，民國66年，臺一版）等書。

〔註4〕 這四篇文章均在天津直報上發表，其後被收錄在邵之棠輯，《皇朝經世文統編》，近代中國史料叢刊續輯第72輯第711～720冊（臺北：文海出版社，民國69年，初版）；麥仲華編，《皇朝經世文新編》，近代中國史料叢刊續輯第78輯（臺北：文海出版社，民國61年，初版）中。

而在於西方社會中的進化觀念和自由觀念，〔註5〕其中最重要的觀念，即在「原強」一文中明確指出中國所欠缺的——群體意識的觀念。嚴復認為在人類的生存競爭中，合群是生存的基本要件，他說：

> 則宗天演之術，以大闡人倫治化之事，號其學曰「群學」，猶荀卿言人之貴於禽獸者，以其能群也，故曰「群學」。夫民相生相養，易事通功，推以至於刑政禮樂之大，皆自能群之性以生。(〈原強〉，《皇朝經世文統編》，卷一〇三，通論部四，頁5下。)

嚴復的這段文字除明確指出群體為國家社會發展之重要根基外，並藉由達爾文進化論和斯賓塞（Herbert Spencer,1820～1903）的社會學理論〔註6〕闡述社會內之個人進化與社會進化法則及國家強弱之理外，也對當時中國知識分子造成相當程度的衝擊，開始思索國家群體意識及其觀念之重要性，意識到國家是由「千萬人群而成國，億兆京垓人群而成天下。」〔註7〕為戊戌維新時期的學會運動思想奠定基礎。

梁啟超即言他在閱讀復所譯的《天演論》一書時深受啟發，體認到西富強之基不僅止於船堅礮利，國家的強盛在於舉國之民能否群力群學，所以梁啟超在論及群眾與合作的重要性時，即言：

> 以群術治群，群乃成，以獨術治群，群乃敗。己群之敗，它群之利也。何謂獨術？人人皆知有己，不知有天下，君私其府，官私其爵，農私其疇，工私其業，商私其價，身私其利，家私其肥，宗私其族，族私其姓，鄉私其土，黨私其里，師私其教，士私其學，以故為民四萬萬，則為國亦四萬萬，是之謂無國，善治國者，知君之與民，同為一群之中之一人，因以知夫一群之中所以然之理所常行之事，

---

〔註5〕 徐高阮，〈嚴復型的權威主義及其同時代人對比型思想之批評〉，載於史華慈等著，《近代中國思想人物論——自由主義》（臺北：時報出版社，民國69年，初版），頁139；Benjamin Schwartz, In Search of Wealth and Power: Yeu Fu and the West（Harvard University Press,1964），pp.43～44.

〔註6〕 斯賓塞撰寫綜合哲學，首度以演化論應用於社學說，以生物演化應用於社會學，分析解釋一切社會現象，形成其社會達爾文主義。其著作 The Study of Sociology 一書由嚴復於1898年起譯為中文，至1903年由文明編譯社出版，名為《群學肄言》。詳見孫本文，《近代社會學發展史》（臺北：臺灣商務印書館，民國57年6月臺一版），頁16～18；郭正昭，〈社會達爾文主義與晚清學會運動〉，《中央研究院近代史研究所集刊》，第三期下（民國61年12月），頁563～565。

〔註7〕 梁啟超，〈說群序〉，《飲冰室文集》，第二冊，頁7。

> 使其群合而不離，萃而不渙，夫是之謂群術。（梁啟超，〈說群自序〉，
> 《飲冰室文集》，第二冊，頁4。）

梁啟超這段文字特別強調一個國家民眾群體合作的重要性，如果全體民眾皆以個人一己之利出發，則有四億人口的中國，就如同四億個國家；四億個國家也等於沒有國家；因此懂得治理國家的君主，應該深諳這個道理，知道君主和人民同屬群體中的一份子，應該君民上下一心共同創造這個國家的未來，所以他大聲疾呼要群學、要救國。

## 貳、變革與富強觀念的傳播

誠然合群乃是國家發展之必要手段，值此面臨內憂外患之際的中國，更需要合群；學會蘊涵之合群意義即在於此。因此，在常德明達學會的章程中即明言，該學會成立的目的，在於本著中國傳統的義理，參考西方富強的治術，集合眾人力量，開啟民智，建設國家：

> 聖人之教最重樂群、敬業、親賢、取友。孔門眾三千七十子講學，
> 凡經世大業以及一技一能無不研習，蓋學期實用，至治國平天下而
> 止。今泰西政從學出，往往得聖經遺意，故人才盛而國運隨之。中
> 國自帖括盛行，舊學蕪慶，本會創設之意，實欲滌向來孤陋之習，
> 儲當時濟變之才，本中國義理之學，參泰西富強之術，集眾人之力，
> 則事易舉，聯學者之心，則智日闢。（〈常德明達學會章程〉，《中國
> 民國開國五十年文獻》，第一編第八冊，頁417。）

這種合群方足以興國的觀念，無疑受到西方文化在中國傳播所致，實際上亦是中國知識分子在習染西方學術思潮後，體悟社會達爾文主義的競存原理和種族滅亡的危機，了解到合群以挽救種族滅亡危機之可行性。所謂「物之以群相競，斯固然矣。至其勢相逼而率相近者，則其相競也尤甚。草木之群也，魚之群也，鳥之群也，獸之群也，其不敵人群一也。」〔註8〕「吾思之，吾重思之，今日中國群治之現象，殆無一不當從根柢處摧陷廓清除舊而布新者也。」〔註9〕「外國有會而中國無會，雜鬼神有會而孔子無會」，這就是中外國勢政教盛衰之因。〔註10〕國家與國家之間，種族與種族之間的

---

〔註8〕梁啟超，〈說群序〉，《飲冰室文集》，第二冊，頁3～4。
〔註9〕梁啟超，〈新民議〉，《飲冰室文集》，第三冊，頁106。。
〔註10〕蔡希邠，〈聖學會序〉，《時務報》，第三十一冊（光緒二十三年六月初一日），

競爭是適者生存，合群就強、就能生存。「美洲以合群而治，非澳羣島諸生番，以離散而見滅，蓋合則勃興也若此，不合則敗亡也若彼」，〔註11〕在中國正面臨著東、西方強敵虎視，列強瓜分的局面，學會正是合群救國之良方。當時的學者徐勤曾言：

> 自頃湘省有南學會之設，桂省有聖學會之舉，彬彬濟濟，士風丕屬，……然以齊州之大，民類之繁，僅此區，其亦九牛一毛，泰山之拳石耳。……凡我神明之冑，遠遊之民，其無同心乎！（徐勤，〈日本橫濱中國大同學校學記〉，載於楊家駱編，《戊戌變法文獻彙編》，第四冊，頁519。）

在在說明清末知識分子認識到群體意識的重要，當前世界的競爭是國民的競爭，因此成立學會目的在促使士風丕變，足以同心救國，而廣立學會則更能結合群力求變以救國。

前述主張合群力救國的思維在康有為的變革論中更為顯著，清光緒二十一年（1895）他聯合入京會試舉人公車上書，請光緒皇帝下詔鼓動全民，變法成天下之治。是年，他在北京成立的「保國會」，更彰顯其時知識分子經由群體意識察覺到透過學會運動可以激發民眾產生群體力量及變革圖存的必要性。保國會在其章程中言「本會以國地日割，國權日削，國民日困，思維持振救之，故開期會以冀保全」，「凡來會者，激勵憤發，刻念國恥」以「講求保國、保種、保教之事」。〔註12〕充分顯示其群學、變革富強之思想，以及蘊涵之國權與民族主義觀念。

晚清學會發展尚蘊涵著講求學術、普及知識、開啟民智之思想。民智的發展是國家進化之動力，梁啟超言「世界之運，由亂而進於平，勝敗之原，由力趨於智，故言自強於今日，以開民智為第一義。」〔註13〕而欲變法維新救國，學習傳播新知，提高民眾知識，開議會、行立憲、辦理地方自治，在在需要民眾有一定的水準，能不拘於舊章，方能知新求變。試觀日本揣求西

---

頁26。

〔註11〕徐勤，〈日本橫濱中國大同學校學記〉，載於楊家駱編，《戊戌變法文獻彙編》（臺北：鼎文書局，民國62年，初版），四，頁519。

〔註12〕康有為，〈保國會章程〉，載於中華民國開國五十年文獻編纂委員會編，《中華民國開國五十年文獻》（臺北：中華民國開國五十年文獻編纂委員會，民國54年，初版），第一編第八冊，頁379。

〔註13〕梁啟超，〈學校總論〉，《飲冰室文集》，第一冊，頁14。

法，政治盡變，「群學於化、電、光、汽、聲、熱、水、礦、天、地、動、植、農、商、工藝」〔註14〕等，結果「西人能製之物，彼無不能製也，西人能為之業，彼無不能也。」〔註15〕以使日本得以富強，不就是因日本民智、風氣已開，人民願知新求變以圖強所致！因此今日中國富強之道，在全民圖強，欲全民圖強則須開民智。

清末中國社會由於長久以來的閉關自守，人民思想較保守，社會風氣呈現上者顢頇，下者苟且偷安萎靡的現象，更且染有吸鴉片，不重社會道德，女子纏足等不良習慣，缺乏現代公民應具備的公德，也阻礙了社會的進步與發展，所以如何培養新國民，使之能產生新民德，從而使中國鞏固、善良與進步，〔註16〕成為學會在提倡和平社會改革的目標之一，希望藉此開啟民眾新風氣，使社會呈現一嶄新之面貌，從而建立一與西方國家對等且富強的國家，因此晚清晚群體意識與變革富強觀念的衝擊下，自成戌維新後，學會運動蓬勃發展。

概括言之，自清中葉中西接觸頻繁開始至清末，近代西方社會、政治、科學新知陸續傳播於中國，從嚴復結合中國國情並系列的介紹赫胥黎、斯賓塞等思想下，國家盛衰強弱之理與群學的觀念逐漸為救亡圖存的中國知識分子接受應用。於是在西方思潮的濡染下，近代中國國家主義有了新的成分，透過其時學者王韜、鄭觀應、黃遵憲、曾紀澤、何啟等人有關中國與西方國家對等國際關係與維護主權等觀念的建構，展現出近代國家的新契機。〔註17〕近代中國學會運動的興起，與近代中國國家主義之崛起有著密切關係，學會成立之旨趣，意謂著欲藉此以開風氣，啟民智，而達救國之目標。學會的涵義在於合群與救國，由於民眾若缺乏智識，閉墓不知變，則無從合群起，亦無法救國，因之，晚清各種具組織與學術精神的學會首由知識分子倡議組識，期藉此開風氣，開民智，使群眾能知新求變，從而奮發圖強以救國。

〔註14〕闕名，〈學會與國議〉，載於于寶軒編，《皇朝蓄艾文編》（臺北：學生書局，民國54年，初版），卷七三，頁12。

〔註15〕王康年，〈論華民宜速籌自相保護之法〉，載於楊家駱編，《戊戌變法文獻彙編》（臺北：鼎文書局，民國62年，初版），一，頁138。

〔註16〕梁啟超，〈新民說〉，《飲冰室文集類編》（臺北：華正書局，民國63年，初版），上，通論，頁112～116。

〔註17〕王爾敏，〈清季學會與近代民族主義的形成〉，《中華文化復興月刊》，第三卷第六期（民國56年6月），頁5～7。

## 第二節 學會義涵與倡導

### 壹、晚清學會之性質及義涵

晚清中國知識分子成立之具近代西方社團或政黨組織形態之學會，雖始於清光緒皇帝統治期間的戊戌時期，但是基本上是受到近代西方會社的影響。在清光緒二十年之前的數十年間，外國人在中國境內組織成立類似學會的傳播西學社團，介紹包括自然科學、政治學說及社會學等近代西方科學知識，其中社會學方面有關知識團體組織創設的「群學」理論，受到當時謀求變革的中國知識分子的關注，起而效尤。

早在道光年間，來華外國人士即在中國設立各種學會，如：廣州有道光14年（1834）成立的「益智書會」（Society for the Diffusion of Useful Knowledge in China），「馬禮遜教育會」（Morrison Education Society）；道光十八年（1838）「醫學會」（Medical Missionary Society in China）等。在上海成立的則有咸豐八年（1858）的「文理學會」（The Shanghai Literary and Socientific Society）；光緒三年（1877）的「益智書會」（The School and Text Book Series Committee）；光緒十二年的「博醫協會」（China Medical Missionary Association）；光緒十三年（1887）的「廣學會」（The Sociery for the Diffussion of Christian and Genrral Knowledge among the Chinese）等。[註18] 這些會社有的倡導新知，出版書籍、辦學校、興醫院，有的則提倡改良社會風氣等，爲國人提供了一新的公共領域觀念，並啓發中國知識分子新的思維，啓蒙了近代中國的學會運動，其中尤以廣學會影響最大。

廣學會初由韋廉臣（Rev. Alexander Williamson）於光緒十三年（1887）在上海組織成立，初名「同文書會」，光緒十八年（1892）改名爲廣學會（The Society for the Diffusion of Christian and General Knowledge among the Chinese）。其宗旨在傳播基督教教義與宣傳西方文化，激勵中國仿效而求自

---

〔註18〕有關這些在華西洋會社活動情形可參閱下列各書籍：王樹槐，《外人與戊戌變法》，中央研究院院近史研究所專刊（12）（臺北市：中央研究院院近史研究所，民國69年，二版），第二章、第三章；王樹槐，〈清季的廣學會〉，《中央研究院近代史研究所集刊》，第四期上（民國62年6月）頁193～227；王樹槐，〈基督教教育會及其出版事業〉，《中央研究院近代史研究所集刊》，第二期（臺北市：中央研究院院近史研究所，民國60年6月），頁365～396；梁元生，《林樂知在華事業與萬國公報》（香港：中文大學出版社，1978年，初版）。

強，其主要工作在譯書、印書、贈書、售書、設立圖書館閱覽室。光緒十八年（1892）李提摩太（Timothy Richard）任廣學會督辦後，更加強對西學的介紹，在宣統三年（1911）以前，其發行非宗教性書籍及含宗教性意味的書籍約有四百多種，其中以歷史、傳記、人文、社會、教育、改革議論、自然科學方面居多，計至少印了 953,160 冊。〔註19〕其所介紹的西方人文社科學知識，雖純以西方政策及制度爲主體，但是對中國知識分子的啓發卻極其深遠。

　　因此，當時一般保守社會觀念雖視學會爲傳統之朋黨會社，尤其是清朝政府，將學會視之爲士人結黨之朋比叛亂團體。〔註20〕然而，實質上從強學會創立後，繼之而起之各類學會團體，並非如歷代中之朋黨，亦與傳統文人

〔註19〕王樹槐，〈清季的廣學會〉，《中央研究院近代史研究所集刊》，第四期上（民國 62 年 6 月）頁 193～227；菊池貴晴，〈廣學會と變法運動（序）──廣學會の設立について〉，《東洋史學論集一》（1953 年），頁 305～317；菊池貴晴，〈廣學會の中國變法運動に與えたる影響について──變法自強之一考察〉，《歷史五》（1953 年），頁 42～53；林樂知（Young John Allen）主編，《萬國公報》，光緒十三年至光緒三十二年（臺北：華文書局，民國 57 年，影印本）。

〔註20〕傳統中國的朋黨因常與政潮相終始，不爲朝野所歡迎，視之如毒蛇猛獸。孔子以「君子群而不黨」；尚書洪範言「無偏無黨，王道蕩蕩；無黨無偏，王道平平」；韓非子則以「交眾與多，外內朋黨，雖有大過，其蔽多矣」；歐陽修以朋黨爲害國之禍首，他言「小人欲空人之國，必進朋黨之說以去其君子」；蘇轍「以爲人君莫危於國之有黨，有黨必有爭，爭則小人必勝，以致於敗壞國事」；而歷代黨爭，事實上亦常使國家陷入紊亂，甚至於滅亡。如漢黨錮之禍，晉賈后之禍，唐牛李黨爭，宋元祐黨爭，明代東林黨爭等，雖然最初或許有部分人士是爲救國而結黨，但綜觀這些黨爭，不外爲君子小人之爭、門第之爭、地域之爭、學術之爭、政策之爭或意氣之爭，多有利害與權勢交雜其間，以致造成惡果，爲一般人所不容，尤其是明末的東林黨爭，一般人認爲它是造成明朝滅亡的原因之一，所以清初鑒於東林黨禍之害國而有嚴禁朋黨結社之令，以「生員不許糾黨多人，立盟結社，把持官府，武斷鄉曲，所作文字，不許妄行刊刻，違者聽提官治罪」。參見《尚書》〈洪範篇〉，載於《四部叢刊經編》（臺北：商務印書館），卷七，頁 46～47；王先慎著，《韓非子集解》（臺北：世界書局，民國 50 年，三版），卷二，頁 22；徐賓撰，《歷代黨爭》（臺北：廣文書局，民國 63 年，初版），頁 128～131；張玉法，《清季的立憲團體》（中央研究院近代史研究所專刊（28）。臺北：中央研究院近代史研究所，民國 60 年，初版），頁 12～14；謝國楨，《明清之際黨社運動考》（臺北：商務印書館，民國 67 年，三版），頁 6～7；明代東林黨爭之詳細內容，在本書中有詳述，可參考；王先謙等纂輯，〈楊雍建嚴結社疏（順治 17 年正月）〉，《十二朝東華錄》（臺北：文海出版社，民國 52 年，初版），順治朝，卷七，頁 13；陳登原，《國史舊聞》（臺北：明文出版社，民國 70 年，初版），第三分冊，頁 439。

社會中「以文會友，以友輔仁」之因吟詩著文、互相唱和而組成之各種會社不同。〔註 21〕基本上，係與西方會社（Society）觀念之「一群人互相認同而形成一單一的共同生活團體（a group of person regarded as forming a single community）」〔註22〕較為類似。

　　王爾敏先生認為出現於晚清之各種學會，係中國知識分子為了某一種共同的興趣，從而組織的一種機構，它具有固定的宗旨與專門性的旨趣，會友需負擔一定之會費及年費，並發行報紙或期刊，以宏揚其理想抱負；基本上這些學會不同於政黨性質之會社如同盟會、日知會等，亦不同於傳統的秘密會社。〔註23〕

　　郭正昭先生則認為學會的涵義有別於傳統中國的黨、會、社一類的團體，又較現代西方社會所接受的「學會」（Learned Society）一詞的概念為廣泛，它相當於近代西方的知識會社（Intellectual Society），基本上是指知識分子所組合的，且有改革性的（reformative）、組織性的（organizational）、公開性的（public）與理性化的（rational）集合結社之活動而言；至於近代中國革命性黨會、祕密會社，以及一些純宗教性的結合和鬆散的詩社，則不屬於本文所指之學會。〔註24〕

　　張玉法先生則將清季所興起之各種學會，歸納成廣義和狹義兩種。廣義

〔註21〕自古文人即喜結社，吟詩著文相互唱和，所謂君子以文會友，以友輔仁，晉之「蓮社」，宋之「經社」，「西湖詩社」，「躬身踏弩社」，元之「月泉吟社」等皆是，而名人如白居易組之「九老會」、司馬光創之「耆英會」、王陽明設之「惜陰會」、涇縣之「水陰會」、寧國「同善會」等更為時人所稱道，但這些會社皆為鬆散之組合。詳見謝國楨，《明清之際黨社運動考》（臺北：商務印書館，民國 56 年），頁 8：蔡希邠，〈聖學會序〉，載於時務報館編，《時務報》，近代中國史料叢刊三編第三十三輯（臺北：文海出版社，民國 76 年，影印本），三十一冊（光緒 23 年 6 月初一），頁 25～26。

〔註22〕Collin World ed., *Webster's New World Dictionary*（William Coolins World Publishing Co., 1972），p.1352.

〔註23〕王爾敏，〈中國近代學會約論〉，《食貨月刊》，復刊第一卷第六期（民國 60 年 8 月 15 日），頁 1：王爾敏，〈清季學會彙表〉，《晚清政治思想史論》（臺北，華世出版社，民國 69 年，三刷），頁 134。

〔註24〕郭正昭，〈中國科學社與中國近代科學化運動（1914～1935）〉，載於中華民國史料研究中心編，《中國現代史專題研究報告》，第一輯（臺北縣新店市：中華民國史料研究中心，民國 60 年），頁 236～237；郭正昭，〈王光祈與少年中國學會（1918～1936）〉，《中央研究院近代史研究所集刊》，第二期（民國 60 年 6 月），頁 97～98。

而言，是指知識分子為了某些共同興趣而組織的團體，參加團體的人無非是研究學術、或是傳播知識、宏揚理念，所以無論是立憲派或革命派所組織的學會，皆可稱之為團體（Association 或 Group），這些團體後來有的發展演變成具有政黨雛形之趨勢；狹義的學會，則係指知識分子為研究學術所組織的團體；一般來說，戊戌時期的學會多屬廣義的學會。張教授並指出近代中國黨會觀念的由來，可溯至傳統中國的朋黨觀念和近代西方會黨觀念之輸入中國；戊戌時期的學會，在性質上是仿照西方學會，不是由傳統的詩社、文社、畫會演變而來。〔註25〕

　　綜合前述學者對學會性質與涵義的釋義，晚清各地興設之學會，基本上是不同於傳統的黨、會、社，係知識分子自由的結合，並吸取近代西方知識會社的概念而建立的一種有組織、宗旨及定期舉行各種活動的團體，其活動並非純為政治或社會事業，亦非純粹的學堂。〔註26〕同時，是就清末參與學會的人而言，學會蘊涵著群學、變革與富強的概念，主張學會的創設與發展可以興國，所謂「學會乃今日切要之圖，非此不足以致富強」；〔註27〕「欲振興中國在廣人才，欲廣人才在興學會」；〔註28〕「學會無變法之名而有變法之實」，「名以其學而學，既互以其會而會」；〔註29〕「學會與中國所謂會行黨幫派同，有其應得之權，應有之責，應行之事」。〔註30〕

## 貳、晚清學會之倡導

　　晚清倡導之學會，植基於晚清社會文化發展之脈絡中。清光緒二十年甲午戰爭一戰而敗於「島夷」之日本，受挫的群體情緒與國家存亡意識深刻的銘印在中國知識分子的內心深處，反映顯露於外者，則為其思想之覺醒，以及倡導學會開啟民智、拯救國家之具體表現。

　　晚清知識分子認為學會可以救國，學會成立的目的在於救亡圖存，有其

---

〔註25〕張玉法，《清季的立憲團體》，第一章，第二章，在這二章中，張玉法先生詳細論述了黨會觀念的由來，然其所言較偏向政治屬性結社之學會。

〔註26〕張玉法，〈戊戌時期的學會運動〉，《歷史研究》，1998年5期，頁5。

〔註27〕闕名，〈學會興國議〉，載於于寶軒輯，《皇朝蓄艾文編》（臺北：學生書局，民國54年，初版），卷七三，頁19。

〔註28〕梁啟超，〈論學會〉，《飲冰室文集》（臺北：中華書局，民國49年，初版），第一冊，頁33。

〔註29〕譚嗣同，《譚嗣同全集》（臺北：華世出版社，民國66年，初版），頁93。

〔註30〕亞當斯密著、嚴復譯，《原富》（臺北：商務印書館，民國54年），頁138。

國家社會使命之責任與義務。因此，學會可以稱之為知識分子為救國而興起的團體，這些團體具有公開性組織性宗旨，並舉辦各種活動，在當時特殊環境下，有其特別之內涵與目標。亦即學會發展係晚清知識分子在當時國家社會危急存亡氛圍下所興起的公共領域概念，其內涵在於其具有群體意識、民族主義、國權主義等、而其目標則在合大群、開風氣、開知識以救國。

　　清光緒二十一年（1895）康有為在上清帝第二書中除闡述救國理念之外，即明白指出救國要徑為各省宜先設立農會、商會、絲茶學會等，以妥善養民；〔註31〕其後在「上海強學會序」中明確主張並認為西方各國富強之由，皆由於講求學會之故，所謂君子以文會友，以友輔仁，敬業樂群，其所以開風氣而成人才，濟中國之變，實將由此而成，所以希望能廣立學會，以廣開民智。〔註32〕

　　梁啟超對學會的倡導更是不遺餘力，認為學會是近代國家發展的基礎，土廣人多的中國衰弱主因即在於分散隔離，閉塞愚陋，所以屢次著文呼籲國人惟有廣設學會，〔註33〕合力求知，合群圖強，始能拯救日益衰弱之中國，故言「欲救今日之中國，舍學會末由哉」。〔註34〕

　　梁啟超更將「羣學」的觀念作為集合人才和救國圖存的動力，直指「羣」是國家社會生存發展的重要根基，是人民智識開通、經濟富強的根本，所謂「道莫善於羣，莫不善於獨，獨故塞，塞故愚，愚故弱；羣故通，通故智，智則強」；「吾華地近赤道，人才倍於歐洲而為彼族所深羨，而所以不及泰西各國省，學會不興之故也」。試觀「西人之為學也，有一學即有一會，故有農學會，有礦學會，有工藝會，有法學會，……乃致於照相、丹青、浴室之瑣碎，莫不有會；有入會之人，上自后妃王公，下及一命布衣，會眾有集室數百萬人者，至學無不成，術無不精，故今欲振中國在廣人才，欲廣人才，在興學會。」〔註35〕

　　同時，梁啟超更指出學會組織可以合群力，開通風氣，廣聯人才，而達事半功倍之效：

〔註31〕康有為，〈上海帝第二書〉，載於楊家駱編，《戊戌變法文獻彙編》，一，頁131～154。

〔註32〕康有為，〈上海強學報序〉，《萬國公報》，第八十三期（光緒21年11月），頁16。

〔註33〕梁啟超提倡並參與各種學會，與其有直接或間接關係的學會有：北京強學會，戒纏足會，南學會，保國會，保皇會，知恥學會，醫會善會等。

〔註34〕梁啟超，〈會報敘〉，《時務報》，第三十八冊（光緒23年8月11日），附頁1。

〔註35〕梁啟超，〈論學會〉，《飲冰室文集》，第一冊，頁31～33。

學者一人獨立，難以成爲力量，不能備購各書，……則莫若設立學會：
大會固不易舉，則莫若小會，數十人可以爲會，千餘人可以爲會，聯
購各書，嚴立課程，定習專門，互相糾舉，如此以求成學，所謂事半
而功倍也。（梁啓超，〈讀西學書法〉，《戊戌變法文獻彙編》，頁 457。）

　　當時的改革派學者汪康年亦是鼓吹創立學會的重要人物，他認爲學會的
興設乃國家振興之途，主張「振興之策首在育人才，育人才則必新學術，新
學術則必立學會」。〔註36〕另外，士紳歐榘甲也指出在野知識分子欲救國，其
首要途徑爲廣興各種學會，以合眾人之力，廣興見聞；〔註37〕即如後來倡導
革命之章炳麟亦曾主張廣興學會將有助於中國及亞洲地區黃種人之發展，他
認爲中國之弱，之不如英吉利、俄羅斯、美利堅，在於不能合群以張吾學之
故。〔註38〕因之，應合群廣立各種學會，如：化學會、農學會、礦學會、醫
學會、商學會、工藝會、工程會、電學會、氣學會、水學會、算學會、重學
會、醫學會、博物學會、儉學會、知恥學會、不纏足會等，〔註39〕凡能提高
國家民族意識、振興學術、改良社會風俗等的學會皆應提倡。

　　換言之，晚清知識分子主張興辦學會，希望透過設立的學會組織群眾，
使渙散的個人凝聚成群體；藉由散布於全國各地的學會，造就人材，聯合眾
力，官民上下通爲一氣，相維相系，協心合謀，建構一強大的國家。於是中
國近代第一個由國人創設的學會組織——「強學會」，於清光緒 21 年 7 月（1895
年 9 月）於北京籌設。〔註40〕

---

〔註36〕 汪康年，〈論中國求富強宜籌易行之法〉，《時務報》，第十三冊（光緒 22 年 11
月初一日），頁 1。

〔註37〕 歐榘甲，〈變法自上自下議〉，載於麥仲華編，《皇朝經世文新編》，近代中國
史料叢刊第七十八輯（臺北：文海出版社，民國 61 年，影印本），卷一中，
頁 8～9。

〔註38〕 章炳麟，〈論學會大有益於黃人亟宜保護〉，《時務報》，第十九冊（光緒 23 年
2 月初一日），頁 4。

〔註39〕 闕名，〈學會興國議〉，載於于寶軒編，《皇朝蓄艾文編》，卷七三，頁 14～
19；王爾敏，〈晚清政治思想及其演化的原質〉，《晚清政治思想史論》，頁
10～11。

〔註40〕 〈強學會記〉，《萬國公報》，第八十三期（光緒二十一年十一月），頁 15。根
據資料顯示，強學會成立前，康、梁等人爲廣募會員及募集經費，主張先行
辦報，因之於清光緒二十一年 8 月 17 日先行創辦《萬國公報》，二個月後，
興論漸明，於是開始募資集款籌議設立強學會，是年十一月強學會在《萬國
公報》報館正式成立，但其時改革人士的種種作爲已不見容於京師保守人
士，因此遂以「強學會書局」的名義變相設立。

　　強學會，又稱強學書局，或譯書局，會址設在北京宣武門外後孫公園。發起人為康有為，列名或參與者有陳熾、沈曾植、沈曾桐、丁立鈞、文廷式、張孝謙、楊銳、張權、袁世凱、汪大燮、褚成博、張仲炘，以及支持或與之有係的翁同龢、孫家鼐、李鴻藻、張蔭桓、王文韶、劉坤一、張之洞、宋慶、聶士成，以及美籍人士李佳白、英人李提摩太（Timothy Richard）、歐格納（Nicho-las O'conor）、華德格等人。由成員中的陳熾、沈曾植擔任正董，沈曾桐、文廷式為副董，實質上由李鴻藻的親信張孝謙及張之洞部屬丁立負責，梁啟超為書記員。〔註41〕

　　時值甲午戰後，北京係全國人才士紳匯集之地，因此北京強學會成立後，憂心國事且具改革意識者，頗多共襄盛舉參加入會，學會的陳熾、沈曾植、沈桐都是翁同龢的門人，他們在朝廷中的政治地位並不高，但是卻充滿救國圖之心；而當時在小站練兵的袁世凱並曾捐銀入會，朝中大臣李鴻藻、翁同龢等人表態支持學會的設立，代表當時部分士大夫的集體覺醒，卻有所改革以振興國家。康有為在草寫〈強學會敘〉一文時，即指其成立旨趣在於振弱圖強，專為中國自強而立。〔註42〕

　　強學會成立後，康有為等人在參照西方會社及政黨活動方式與考量中國國情前提下，期能透過強學會舉辦各項活動，如：集會演講討論國是，上奏朝廷，建藏書樓、譯印西書、辦報等方式，喚醒民眾，開啟民智，共起救國圖強。曾請由林院侍讀學士文廷式出面，在河南會館、安徽會館定期召集集會，演講與討論救國圖強之道；〔註43〕為合群以增進知識與力量，亦鼓吹於

〔註41〕據載強學會係在康有為、陳熾、張孝謙、沈曾植、沈曾桐、丁立鈞等人「各出義捐」，集資倡導下成立。詳載康有為，《康南海先生自訂年譜》（臺北，文海出版社，民國61年，初版），頁34～35；湯志鈞，〈北京強學會人物〉，《戊戌變法人物傳稿》（北京，中華書局，1982年，二刷），附錄，頁693～712；梁啟超，〈三十自述〉，《飲冰室文集》，第四冊，卷十一，頁17；康有為，〈汗漫舫詩集〉，《康南海先生詩集》，近代中國史料叢刊續編第四輯（臺北，文海出版社，民國63年，初版），卷二，頁93～94；又胡懷琛，〈上海的學藝團體〉，《上海市通志館期刊》，第二卷第三期（民國23年12月），頁833，言北京強學會之後起人為文廷式，疑誤。

〔註42〕康有為，〈強學會敘〉，《不忍雜誌二集》，卷五，頁三五；康有為，《康南海先生自訂年譜》，頁35；郭正昭，〈社會達爾文主義與晚清學會運動（1895～1911）—近代科學思潮社會衝擊研究之一〉，《中央研究院近代史研究所集刊》，三期下（民國61年12月），頁600～601。

〔註43〕康有為，《康南海先生自訂年譜》，頁35，言強學會成立之後，三日一會於炸

各地興建藏書樓、譯印西書，推廣新知。〔註44〕是年 8 月，康有為和陳熾並在北京安徽會館創辦《萬國公報》（後改為《中外記聞》），由梁啟超擔任編輯，刊登海外新聞，時評政論和有關公文，以「漸知新法」為宗旨，宣傳富國、養民、教民之法，探索西洋諸國勃興之本源，並將報紙「遍送士夫黨人」，期能引發共鳴，共同救國。〔註45〕

另外，雖然，此時康、梁等改革派人士正面臨守舊人士非議，並初迫避走上海，但是設立學會以廣聯人才，開民智，講學術聯人心的觀念，已漸深入人心。從此，全國掀起興辦學會之風潮。各地有識之士在北京、上海、天津、湖南、湖北、廣西、浙江、福建、陝西等各省市，創辦報紙、學會，提倡新知，學會的成立有如雨後春筍，自清光緒二十一年至二十四年（1895 至 1897）間，至少百餘個，打破清代長久以來結社論政之禁忌，〔註46〕傳統的「君子不黨」藩籬自此崩解。

清末的新思潮，皆可由其時興起於全國各地的學會表現無遺，無論是做為中國近代啟蒙思想的重要內容或是社團發展的里程碑而言，皆有其深刻且持久的影響力。本文即以探討晚清自光緒二十一年（1895）至宣統三年（1911）學會發展的動向及其與當時社會思潮之間的關係，但因江蘇省有其特殊之文化脈絡與較早開發之社會功能，因此擬以江蘇省為中心，做區域性研究，探討學會發展之廣泛性及其特殊性。江蘇省位於長江下游出海口，腹地廣大，向為經濟重心及人文薈萃中心，尤其是江蘇省之上海地區，因其特殊之地理

子堂嵩雲草堂；又李提摩太，〈留華四十五年記〉，載於楊家駱編，《戊戌變法文獻彙編》，三，頁 555，中言他當時在北京，就常到強學書局（光緒二十一年九月間強學會已改成強學書局）去發表演說，討論西學，會員亦常與李佳白、歐格納等人交換意見。

〔註44〕康有為，《康南海先生自訂年譜》，頁 35；言當時議開藏書樓於琉璃廠，曾派麥孟華到上海去購書，英美公使亦表示願助西書及圖器，惜事未成，強學會遭封禁，遂作罷。

〔註45〕康有為，《康南海先生自訂年譜》，頁 32；梁啟超，《戊戌政變記》，頁 126；梁啟超，〈蒞報界歡迎會演說辭〉，《飲冰室文集》，第十一冊，頁 1；言其在強學會成立前即在北京辦有《萬國公報》，後改名為《中外公報》，強學會成立後成為其機關報，為兩日刊，由梁啟超、麥孟華主筆，內刊多譯自西洋各報論說，至強學會封禁亦遭停刊命運。

〔註46〕參見王爾敏，〈清季學會彙表（上）〉，《大陸雜誌》，第二十四卷第二期（民國51年1月），頁 14～20；王爾敏，〈清季學會彙表（下）〉，《大陸雜誌》，第二十四卷第三期（民國51年2月），頁 16～23；郭廷以，《近代中國史綱》（香港：中文大學出版社，1980年），頁 315。

位置及國際性，學會發展較其它地區更爲蓬勃且富多樣性，更可顯示晚清學
會發展的特性。

# 第二章 戊戌政變前江蘇省的學會發展
## （1895～1898）

## 第一節　上海強學會的創設與發展

　　上海自元代設縣以後逐漸發展，至清道光二十二年（1842）開口通商後，由於地理交通位置便利，位於吳淞、黃埔江會流之點，扼長江門戶，為全國交通輻輳及國際航線要道，使上海得以迅速發展成商業都市。

　　清道光二十三年（1843）以後英、法租界先後設立，〔註1〕外國商人、教士逐漸聚集於此，為生活便利，陸續於租界內建設各項現代公共設施；如水電公司、電線、電話、道路等，以及發展工商業、設立工廠、建置學校等，〔註2〕尤其是太平天國變亂，隨著一批批中國人避難至上海，人口快速增加。根據相關資料統計，咸豐二年（1852），上海公共租界內，大約僅有中國人五百人左右；經過十餘年後，在各國商人、教士以及中國人相繼移住，至同治三年（1864），人口增至五萬人。其後居住人口逐年增加，至三十八年後的宣統2年（1910）時，已有四十八萬八千多人；〔註3〕而整個上海人口，則從嘉慶十五年（1810）

<hr>

〔註1〕岑德彰編，《上海租界略史》，近代中國史料叢刊第六十四輯（臺北，文海出版社），頁15～27；蒯世勛，〈上海公共租界的發端：英美租界的創設〉，《上海市通志館期刊》，第一卷第一期，民國22年6月，頁47～70；英租界於道光23年（1843）設立，法租界於清道光29年（1849）設立，美租界於同治2年（1852）設立，其後與英租界合稱為公共租界。

〔註2〕岑德彰編，《上海租界略史》，頁68。

〔註3〕劉石吉，〈太平天國亂後江南市鎮的發展（1865～1911）〉，《食貨月刊》，第七

之五十二萬七千多人，同治三年（1864）的五十四萬四千多人，增加至宣統元年（1909）的一百二十萬九千多人，﹝註4﹞大量人口移住，不僅爲當時的上海帶來了豐沛的人力資源，且促進工商業發展，繁榮的上海，成爲當時中國最大的商業城市，王韜曾如此記載：

> 庚辛之間，賊陷江浙，東南半壁無一片淨土，而滬上繁華遠愈昔日，
> 諸名士避地來作寓公，賭酒論詩，幾忘兵燹。（王韜，《瀛壖雜志》，
> 小方壺齋輿地叢鈔第九帙，頁66下。）

在經歷太平天國戰亂洗禮之後，上海不僅未受影響，且繁華遠愈昔日，正顯示太平天國以後的上海像初成長的少年，經濟繁榮，社會充滿朝氣；而各地名人雅士避地來上海作寓公，顯示上海騷人墨客漸多，不僅開啓上海近代學術風氣，更開啓江蘇省地區士紳的視野與智識，爲上海地區新式學會的創設及其發展奠下基礎。

## 壹、上海強學會的創設

康有爲在北京組設強學會時，與會者即有在上海成立強學會之主張。上海爲南北匯集士大夫走集之處，且自開埠通商之後成爲西方知識傳播之重鎮，如能於上海成立強學會，以接京師、次於各直省，則可合群以廣通風氣。因此當清光緒二十一年八月二十九日（1895 年 10 月 17 日）康有爲因大學士徐桐、御史褚成博的彈劾，離開北京，﹝註5﹞康有爲即決定前往上海，並尋求其時署兩江總督張之洞的支持。

---

卷第十一期（民國 67 年 2 月），頁 33。

﹝註 4﹞《上海縣志》（同治年刊本），卷五，頁 80；《松江府續志》，卷十四，頁 22～23；《上海縣續志》（民國 4 年刊本），卷一，頁 1。劉石吉，〈太平天國亂後江南市鎮的發展（1865～1911）〉，《食貨月刊》，第七卷第十一期，（民國 67 年 2 月），頁 32，記載上海人口自 1810 年至 1908 年變動情形，詳如下表：

| 年　代 | 人口（人） | 年　代 | 人口（人） |
|---|---|---|---|
| 1810 | 527,427 | 1864 | 544,357 |
| 1813 | 528,442 | 1865 | 543,110 |
| 1816 | 529,249 | 1881 | 545,036 |
| 1852 | 544,413 | 1908 | 1,264,643 |

﹝註 5﹞ 康有爲，〈汗漫舫詩集〉，《康南海先生詩集》，卷二，頁 93，又見康有爲，《康南海先生自訂年譜》，頁 35。

　　康有爲在清光緒二十一年九月十二日（10 月 29 日）抵達上海，九月十五日（11 月 1 日）旋即到江寧拜訪張之洞，期望獲得較傾向改革的張之洞的支持，但以張之洞的立場，無法相信康有爲托古改制的理論，對在上海成立強學會並未予以強烈支持。〔註6〕然値此之際，爲繼續推動其救國圖強之改革運動，康有爲隨即在上海成立「上海強學會」，使原本僅於北京發展的強學會，擴展至交通便利、人才薈萃的國際都市——上海，從而帶動及促進江蘇省學會運動之開展。

　　清光緒二十一年十月（1895 年 11 月、12 月間）康有爲即以爲通聲氣、聚圖書、講專門、成人才及廣聖教，與梁鼎芬、黃紹箕等人在上海張園成立上海強學會，以「將爲中國自強而立」爲宗旨，並指此會專爲聯人心、講學術、保衛中國而立，強調中國面臨列強挑戰，積弱不振，乃由於學之不講、教之未修，以致政法不舉，故欲成立強學會，以考鑑萬國盛弱亡之由，以求中國自強之學。〔註7〕而其動力則在於「合群」，因此〈上海強學會序〉開宗明義即言：

　　　天下之變，岌岌哉！夫挽世變在人才，成人才在學術，講學術在合群，
　　　累合什百之群不如累合千萬之群，其成就尤速，轉移尤鉅也。方今海
　　　内多故，天子愁焉閔憂，特下明詔，搜求才識閎達及九能之士，一藝
　　　之士，而應詔者寡，因搜訪之未逮歟？……今爲上海，乃群天下之圖
　　　書器物，群天下之通人學士相與講焉。嘗考泰西所以富強之由，皆由
　　　學會講求之力。傳稱以文會友以友輔仁，記稱敬業樂群，其以開風氣
　　　而成人才，以應天子側席之意，而濟中國之變，殆由此耶。（〈上海強
　　　學會序〉，楊家駱編，《戊戌變法文獻彙編》，四，頁 385～386。）

　　由於上海強學會的成立基本上是延續北京強學會爲合眾力求中國之自強而來，希望藉此擴展延至全國各地。因此，可以看到其欲藉重於群體意識，合群力以達自強之道，因此強學會序中更進一步強調「學」、「群」與「強」之關聯與重要性，以「美人學會繁盛，立國百年，而著書立說多於希臘羅馬三千年，故兵僅二萬，而萬國莫敢誰何，此以智強也。」又「夫物單則弱，兼則強，至累重什百千萬億兆京陔則益強。荀子言物不能群，惟人能群。故一人獨學，不如群人共學，群人共學，不如合什百億兆人共學。」「學則智，

---

〔註 6〕康有爲，《康南海先生自訂年譜》，頁 36；湯志鈞，〈上海強學會和《強學報》〉，
　　　　《社會科學》（上海市：上海社會科學院），1980 年第 3 期，頁 114。
〔註 7〕〈上海強學會章程〉，載於楊家駱編，《戊戌變法文獻彙編》，四，頁 389。

群則強；累萬兆皆智人，則強莫與京。」〔註8〕

## 貳、上海強學會的組織與活動

在群學共興的目標下，上海強學會開始籌劃組織各項活動。初期規劃，欲舉辦之各項活動，包括譯印圖書、刊佈報紙、開大書藏、博物院、建立政治學校等，〔註9〕其中尤以前四者為要，〈上海強學會章程〉則明確指出譯印圖書、刊布報紙、開大書藏、開博物為最重要。然立意雖多，卻因社會、文化，以及人力與經費不足等問題未獲全部實行，〔註10〕終其封禁之前，僅辦了機關報《強學報》。

《強學報》於清光緒二十一年十一月二十八日（1896年1月12日）創刊，第一號共八葉，鉛字排印，裝訂成冊，派送贈閱。在其〈本局告白〉中言：「啟者。現當開創之始，專以發明強學之意為主，派送各處不取分文，一月以後，乃收報費。欲閱者到上海王家第一間掛號即得。至於時新聞，因限於篇幅，不及多載，俟將來乃陸續錄之，非敢略也，識者諒焉。」同時，刊頭右欄並注明「上海強學會書局現住跑馬場西首王家沙一號」，〔註11〕顯示強學會會址設於此；而〈開設報館議〉、〈論學會即荀子群學之議〉等文章明顯被露其欲藉報紙宣傳立會、辦報之好處，並形成輿論。

《強學報》第二號發刊於清光緒二十一年十二初三，共四葉，刊載論文四篇，末附第一號勘誤表。〔註12〕第三號則還來不及印行，即於同年十二月

---

〔註8〕 同前註，頁388～389。

〔註9〕 〈上海強學會章程〉，載於楊家駱編，《戊戌變法文獻彙編》，四，頁389～391；梁啟超，《戊戌政變記》，頁237～238。

〔註10〕 康南海，《康南海先生自訂年譜》，頁36。文中提及為開博物院，初擬向金陵楊仁山購買，楊曾經遊倫敦，帶回不少儀器，有望遠鏡，放大倍數可見月球表面的火山，但因張之洞、梁鼎芬反對和王雪晴不捐款，資金不足而作罷。

〔註11〕 〈上海強學會章程〉，載於楊家駱編，《戊戌變法文獻彙編》，四，頁389～391；郭廷以，《近代中國史事日誌》（臺北：編者印行，民國52年），上冊，頁943。《強學報》在紀年上除了清朝的紀年外，還刻意署「孔子卒后二千三百七十三年」，以彰顯康有為托古改制之意，但這是康有為的主張，張之洞並不贊同。又「上海強學會書局」之名顯然緣自於「北京強學會書局」，表明其延續北京強學會成立之意旨。

〔註12〕 〈上海強學會章程〉，載於楊家駱編，《戊戌變法文獻彙編》，四，頁389～391；上海圖書館編，《中國近代期刊篇目彙錄》（上海，人民出版社，1980年，二版），頁568；湯志鈞，〈上海強學會和《強學報》〉，《社會科學》（上海：上海社會科學院），1980年第3期，頁116。

（1896 年 2 月）因會員之間對成立學會改革立場之不同，及因北京御史楊崇伊上奏請禁強學會，而遭到封禁的命運。

康有爲到上海成立強學會目的，是爲延續京強學會改革宗旨，求中國自強，開風氣，啓民智，終至能夠在中國掀起變法圖強風潮。其於〈上海強學會後序〉中言：「今者思自保，在學之群之……滬上總南北之匯，爲士大夫所走集，乃群中外之圖書器藝，群南北之通人志士講求其間，而因推行于直省焉。」〔註 13〕但由於其時民風尚保守，以學會、報紙等現代集會結社觀念與宣傳資訊概念正方興未艾，因此他所能爭取的對象仍僅限於少數較具開放觀念之上層士紳，且因立會、辦報皆需龐大經費，除了在章程中規定凡入會者必須品行心術端正明白，並要求至少需要捐資十兩以上。這樣的入會條件，以當時一般下階士紳或平民百姓的基本收入而言，即或有心亦大半無入會之經濟條件。同時，又由於規定會中重要大事，一切悉由開創諸會員中選出的董事、提調、坐辦、會辦等〔註 14〕負責輪流管理及處理庶務。此等行政事務亦非一般鄉紳可參與，結果形成上海強學會最初創辦或參與的會員，除少數數人接觸過西方新知外，多半爲出身於傳統教育背景下之士紳，而其參與緣由大多植基於結合群力，從事富強之學。

---

《強學報》僅發行三號，但第三號未見其流傳，茲將一號、二號篇目條列如下：
第一號：1896 年 1 月 12 日（孔子卒後二千三百七十三年，光緒二十一年十
　　　　一月二十八日）
　　　　軍機大臣字寄各直省將軍督撫
　　　　開設報館議
　　　　孔子紀年説
　　　　論會即荀子群學之義
　　　　京師強學會序
　　　　上海強學會序　　　張之洞
　　　　上海強學會章程
　　　　上海強學會後序　　　康有爲
第二號：1896 年 1 月 17 日（孔子卒後二千三百七十三年，光緒二十一年十
　　　　二月初三日）
　　　　毀淫祠以尊孔子議
　　　　變法當知本源説
　　　　論回部諸國何以削弱
　　　　欲正人心先修法度説
　　　　論中國敗壞於老氏楊氏之説
〔註 13〕〈上海強學會後序〉，載於楊家駱編，《戊戌變法文獻彙編》，四，頁 388～389。
〔註 14〕〈上海強學會章程〉，載於楊家駱編，《戊戌變法文獻彙編》，四，頁 392～393。

　　茲將上海強學會初期重要列名會籍或參與會務者，以及支持學會或與之有關係之參與者列表如下：

表 2-1：上海強學會重要參與者一覽表

| 姓　名 | 字　號 | 籍　貫 | 出　身 | 與上海強學會之關係 | 備　註 |
|---|---|---|---|---|---|
| 康有爲 | 長素、祖詒 | 廣東南海 | 進士、工部主事 | 創始人 | |
| 黃體芳 | 漱蘭 | 浙江瑞安 | 進士、兵部左侍郎 | 會員 | |
| 梁鼎芬 | 星海 | 康東番禺 | 進士、翰林院編修、主持江寧「鐘山書院」。 | 發起人之一 | 張之洞幕僚 |
| 黃紹箕 | 仲弢、漫庵 | 浙江瑞安 | 進士、翰林院編修 | 發起人之一 | 黃體芳之子 |
| 黃紹第 | 叔頌、叔鏞 | 浙江瑞安 | 進士、翰林院編修 | 會員 | 黃紹箕弟 |
| 黃遵憲 | 公度 | 廣東嘉應 | 舉人、新加坡總領事、湖南按察使 | 會員，其名疑爲梁星海代簽。 | |
| 蒯光典 | 禮卿 | 安徽合肥 | 進士、翰林院檢討 | 會員 | 張之洞幕僚 |
| 屠守仁 | 梅君 | 湖北孝感 | 以翰林院編修轉御史 | 會員 | |
| 喬樹枏 | 茂萱 | 四川華陽 | 舉人，刑部主事 | 會員 | 與楊銳交往密 |
| 張謇 | 季直 | 江蘇南通 | 翰林院修撰、進士 | 會員，因梁星海列名。 | 翁同龢門人 |
| 汪康年 | 穰卿 | 浙江錢塘 | 進士、張之洞幕僚 | 會員，後辦時務報。 | |
| 鄒代鈞 | 沅帆、甄伯 | 湖南新化 | 候縣知縣 | 會員 | |
| 左孝同 | 子異 | 湖南湘陰 | 欽賜舉人、候補道 | 會員 | 左宗棠之子 |
| 志鈞 | 仲魯 | 滿洲鑲紅旗 | 進士 | 會員 | 長敘之子，珍妃瑾妃胞兄 |
| 沈瑜慶 | 愛滄、靄滄、濤園 | 福建侯官 | 舉人、江南候補道 | 會員 | 沈葆楨之子 |
| 陳三立 | 伯嚴 | 江西義寧 | 進士、吏部主事 | 會員 | 陳寶箴之子 |
| 龍澤厚 | 積之 | 廣西桂臨 | 知縣 | 會員、曾任強學辦主筆。 | 康有爲弟子 |
| 岑春煊 | 雲階 | 廣西西林 | 舉人、太僕寺少卿、署大理寺正卿 | 會員 | 岑毓英之子 |
| 黎庶昌 | 蒓齋 | 貴州遵義 | 道員 | 邀致、遙相唱和 | |

| | | | | | |
|---|---|---|---|---|---|
| 陳寶琛 | 伯潛 | 福建閩侯 | 內閣學士 | 遙相唱和 | |
| 吳德瀟 | 季清、筱村 | 四川達縣 | 進士、知縣 | 曾參加謀議設 | |
| 吳樵 | 鐵樵 | 四川達縣 | | 預聞會事，但未列名。 | 德瀟之子 |
| 顧璜 | 漁溪 | 河南 | 通政使 | 會員 | |
| 章炳麟 | 太炎 | 浙江餘杭 | | 曾寄會費 | 其時未任官 |
| 張之洞 | 香濤、孝達 | 直隸南皮 | 進士、時署兩江總督 | 贈金一千五百兩 | |
| 鄒凌瀚 | 殿書 | 江西高安 | 部郎 | 捐銀五百兩 | |
| 陸春江 | | | 觀察 | 捐銀二百兩 | 其字號籍貫不可考 |
| 朱之榛 | 竹石 | | 觀察 | 捐銀百兩 | 籍貫不可考 |
| 孫玉仙 | | | | 捐銀十兩 | 其字號籍貫不可考 |
| 經元善 | 蓮珊、蓮山 | 浙江上虞 | 上海電報局總辦 | 曾任董事，旋退。 | |
| 鄭觀應 | 陶齋 | 廣東香山 | 經辦上海織布局 | 助購買儀器 | |
| 徐勤 | 君勉 | 廣東三水 | | 強學報主筆 | |
| 何樹齡 | 易一 | 廣東三水 | | 強學報主筆 | |
| 楊葵園 | | | | 帳房 | 其字號籍貫不可考 |
| 楊子勤 | | | | 書寫 | 其字號籍貫不可考 |
| 馬善子 | | | | 翻譯 | 其字號籍貫不可考 |

資料來源：康有為，《唐南海先生年譜》，頁 36；康南海，《康南海先生詩集》，卷二，頁 95；湯志鈞，《戊戌變法人物傳稿》，頁 353、715～723、747；梁啓超，〈創辦時務報源委〉，《戊戌變法文獻彙編》，四，頁 525；章炳麟，《太炎先生自訂年譜》，頁 5；《萬國公報》，第八三期（光緒二十一年十一月），頁 15；王詒年，《王穰卿先生傳記》，卷一，頁 1；卷二，頁 4；張謇，《嗇翁自訂年譜》，卷一，卷二；吳天任，《黃公度先生傳稿》，頁 47；湯志鈞，〈上海強學會和《強學報》〉，《社會科學》（上海：上海社會科學院），1980年第 3 期，頁 118～121。

　　前述三十六名會員中，查其出身，除章炳麟和少數辦事員未獲有功名外，其餘大都是進士或舉人，並在朝中身居要職、獨當一面者；除康有為外，與

之有師生關係者僅章炳麟和龍澤厚等人，其餘幾乎都與張之洞有關係,如黃體芳、陳寶箴和張之洞爲清廷地方要員，屠守仁、梁鼎芬、黃紹箕、黃紹第、蒯光典、喬樹枏、汪康年、鄒代鈞都是張之洞的幕僚，吳德瀟父子是張之洞故舊，黃遵憲則曾謁張之洞，至左孝同、沈瑜慶、岑春煊等人爲地方督撫之子，張謇則由梁鼎芬電邀入會。因此，這些人因各有所長，其立場與主張亦互有差異。雖然他們都察覺到自強之道需要結合群力，認爲中國與列強競爭之道在於改革、講求學術，啓迪民智，但是對於如何去改革、講求學術、普及知識的態度、方法並不一致。

以張謇而言，曾是科舉狀元，任翰林院修撰，雖主張改革，但是關注的焦點主要著重於地方教育，以及對工商業方面的建議。〔註 15〕他主張漸變，與康有爲相較，對政治改革的態度較爲保守，並不是那麼贊同康有爲的變法主張與手段，也不認同托古改制；因此他在參與強學會會務上，就相當謹愼，與陳寶箴、黃遵憲一般，僅是列名而已，〔註 16〕並未參與其事。而位爲總督的張之洞更是如此，在與西方各國接觸過程中，他深深的察覺到中國積弱與西方富強的差異之處，在於中國人民智識的貧乏，因此開啓民智爲國家重要圖存之道，具有改革傾向，所以康有爲自京師抵達上海之後，立刻拜訪他，〈上海強學會序〉也由他署名。但是，當他面對康有爲提出的孔子改制考與變法主張理論時，他便無法同意；於態度上，亦因身爲封疆大吏，必須絕對的效忠於皇室，顯得曖昧，初言不欲列名會上，後來捐寄款一千五百兩，〔註 17〕其至最後卻轉變成禁止強學會。其餘會員除龍澤厚是康有爲的弟子，承受康有爲孔子改制的主張外，大體上主張雖漸變的改革思想，但是態度上甚或更爲保守。因之，一旦事有變化，朝廷禁止，態度立即改變。

## 參、上海強學會的禁辦

雖然康有爲、梁啓超等人視學會爲教育、組織社會群眾參與其變法圖強的途徑，康有爲亦曾自注「開強學會于京師，以爲政黨嚆矢」，但是以現代政

---

〔註15〕關於張謇之事業可參看張謇，《張季子九錄》；張孝若，《南通張季直先生傳記》，Samuel C. Chu, *Reformer in Modern China: Chang Chien, 1853～1926*（臺北：虹橋書店，民國 62 年，第一版影印）。

〔註16〕吳天任，《黃公度先生傳稿》（香港，中文大學，1972 年，初版），頁 47。

〔註17〕許同莘編，《張文襄公年譜》（臺北，臺灣商務印書館，民國 58 年，台一版），卷五，頁 96。

黨政治觀之，強學會與所謂的政治學會是有所差異，然在當時風氣未開之際，強學會的成立及其組織社會力量，以圖變於下的活動，卻令傳統守舊分子大爲震駭，疑其意圖結黨欲興非常之舉，或將不利於己，〔註18〕謠言紛起，造成恐慌，於是在保守分子鼓譟，以及御史楊崇伊上奏言強學書局植黨營私，請旨嚴禁之下，〔註19〕原本由北京強學會改名的強學書局，〔註20〕和上海強學會皆遭封禁之命運，而參與的會員們亦因避禍而散離，無人敢爲強學會進言，並抒發其欲求中國之自強，思合群力以救國之主張，甚至連張之洞在上奏的電文中，還稱指「強學會報章係未經同人商人商議遽行發刊」，「現時各人星散，此報不刊、此會不辦」，〔註21〕強學會隨之解散，《強學報》亦停刊。

　　綜計上海強學會自成立至被禁僅二個月，然其革新社會風氣之功效實不可忽視。在西力衝擊與西方傳教士辦學會的激勵下，及結社與關懷時政傳統觀念之前提下，促使當時關心國家興亡的有識之士投入改革與設立學會行列，期能藉此以開通風氣，啓迪民智。因此即在北京強會被禁之後，仍有御史胡孚宸上疏，婉轉闡切申述由強學會改名的強學書局，其譯印西書、傳播西方知識實大有益於社會，增進民智開啓之作用。於是，總署奏請朝廷將其收爲官辦，改稱官書局，由孫家鼐主持，仍設藏書樓與譯印西書等各工作。〔註22〕雖然此時官書局性質已大異於前，但強學書局之收爲官有，顯示其存

---

〔註18〕梁啓超，〈蒞北京大學校歡迎會演說詞〉，《飲冰室文集》（臺北：華正書局，民國 49 年），第十一冊，頁 38。

〔註19〕楊家駱主編，《清德宗景皇帝實錄》，清光緒朝文獻彙編（臺北：鼎文書局，民國 67 年），卷三八一，頁 8；譚嗣同，〈上歐陽辦彊師〉，《譚嗣同全集》，頁 331，此言楊崇伊怕李鴻藻坦護強學書局，就乘著李鴻藻赴普陀峽時始上疏，又康有爲在其《自訂年譜》，頁 35 之文中，言楊崇伊之上奏乃因其姻親李鴻章欲加入強學會，被拒而懷恨在心，故慫恿楊上奏禁封強學會，然此一看法，似乎失之偏頗。

〔註20〕〈都城官書局開設緣由〉，《時務報》，第一冊（光緒二十二年七月一日），頁 7。文中說明在北京強學會被禁後，一時間京師維新派風流雲散，但是不久李鴻藻回京，將改強學會爲強學書局，避開會黨之名，以便於繼續從事開啓民智、教育民眾相關活動。

〔註21〕湯志鈞，〈上海強學會和《強學報》〉，《社會科學》（上海：上海社會科學院），1980 年第 3 期，頁 121。

〔註22〕〈都城官書局開設緣由〉，《時務報》，第一冊（光緒二十二年七月一日），頁 7；〈官書局奏開辦章程〉，《時務報》，第四冊（光緒二十二年八月初一日），頁 8～9；葉昌熾，《緣督廬日記》（臺北：臺灣學生書局，民國 53 年，初版），卷七，頁 25。

在有其重要性，且具有開啓社會風氣之功能。而官書局後來演變爲西學堂，再改爲通藝學堂的發展，更是當初強烈抨擊強學會集會結社有礙社稷之保守分子所始料未及的。

　　此外，在張之洞的授意下，黃公度、汪康年、梁啓超、鄒凌翰、吳季清等人，在上海利用上海強學會餘款一千二百元和黃遵憲的捐助，開辦《時務報》，〔註23〕延續強學會譯印西書，提倡西學，開風氣、啓民智之遺緒，並成爲後來成立各學會發表言論之所。澳門地區，有康有爲弟子辦之《知新報》。〔註24〕湖南地區，黃遵憲、陳寶箴等人更熱心於改革，辦學會、時務學堂等，其中「南學會」的組織，不僅具有半官方性質，並比同時期其他學會更爲完密，經常舉辦講演，宣導學術、政教、天文、輿地等新知；也設立藏書樓，興辦湘報館，從事政學研究，獎助興學，以啓迪民智。〔註25〕另外，當時各地興辦學會，聞風而起講新學者更是不計其數，〔註26〕眞正達到康有爲當初辦強學會，欲破數百年之網羅，而開此風氣之途徑的目的。〔註27〕

# 第二節　上海地區學會發展與活動概況

　　清光緒二十二年（1896）至二十四年（1898）期間，上海地區繼上海強學會之後，續繼發展出十多個學會，並著重於新知啓蒙、西學的傳播與改良社會風氣等面向，茲將其中較重要者之組織及活動情形列述如下。

---

〔註23〕梁啓超，〈三十自述〉，《飲冰室文集》，第四冊，卷十一，頁 17～18；丁文江，《梁任公先生年譜長編初稿》，上冊，頁 31；吳天任，《黃公度先生傳稿》，頁 47；梁啓超，〈創辦時務報源委〉，載於楊家駱編，《戊戌變法文獻彙編》，四，頁 524。〈創辦時務報源委〉載「查時務報初起，係利用上海強學會餘款。……既而穰卿到滬，而京師強學會爲言者中止，滬會亦因停辦，當時尚餘銀七百餘兩，又將原租房屋已交一年之租銀追回半年，得三百五十元，又將會中所置器物、書籍等項變賣，得二百餘元，實爲時務報之嚆矢。」

〔註24〕吳恆煒，〈知新報緣起〉，載於楊家駱編，《戊戌變法文獻彙編》，四，頁 534～537。

〔註25〕王爾敏，〈南學會（上）〉，《大陸雜誌》，第二十三卷第五期（民國 50 年 9 月 15 日），頁 19～21；周麗潮，《湖南開民智運動之研究》，國立政治大學歷史研究所碩士論文（臺北：民國 71 年），頁 57～126；文中作者詳述湖南省學會、學堂、報紙之組織活動。

〔註26〕梁啓超，《戊戌政變記》，頁 241。

〔註27〕沈雲龍，〈康有爲與強學會〉，《現代政治人物評述》（臺北：文海出版社，民國 65 年，三版），頁 10。

## 壹、啟蒙新知與西學傳播方面學會

### 一、務農會、農學總會

### （一）務農會

務農會，亦稱農學會，或稱上海農學會，是繼強學會之後，較早成立的一個新式學會組織。由朱祖榮、徐樹蘭、羅振玉和蔣黻等人發起創設，於清光緒二十二年十一月（1896 年 12 月）間成立於上海。〔註28〕

農業向為中國立國之本，早在周官已有農學的記載，中國歷代政府無不力行重農政策，以穩定社稷。然而，遲至近代民智漸固，但知耕種，墨守成習，而不識於農理、農學；與西人對於科學方法改良土壤、興修水利，以利農耕等比較，顯得落後，有待革新改進，興修地利。因之，在清光緒二十一年（1895）四月初八日康有為的公車上書中即提出希望能學習外國組織農會，並譯印外國農書，改進中國的農業。務農會的設立，即係基於農學為富國之本，目的在開風氣，習西學，廣樹藝，興畜牧，究新法，興天地自然之利，而植國家富強之原。〔註29〕

務農會的實際組織運作，由於缺乏資料無法詳細論述，但依其章程規定，「凡官紳士商及遇外國之中國人、遇中國之外國人皆可入會。惟婦女及方外人並品行卑下人不得入會」，顯示其招募之會員以當時之士紳為主，實際會員有多少則無法得知。主要經費來源為會員會費、官紳捐助及賣報收入。

至於所欲興辦的活動則相當多，舉凡農、圃、林、澤、畜牧、釀造等農學，皆欲傳習講授，並欲購買土地，置公產，以興學堂，實驗改良農作物品種與土壤狀況，期能協助農民進行農業改革，增加農作，提升農民收益，改善農民生活；此外，尚欲翻譯歐、美、日本等各國農書、農報，報導相關農學新知，以教育農民從事農業改革；同時設置各類售穀所，驗蠶種處、改良牲畜品種，以

〔註28〕〈務農會公啟〉，《時務報》，第十三冊（光緒二十二年十一月初一日），本館告白，頁 1 下。務農會是成立之初使用的名稱，由於當時其他各縣市亦有農學會的成立，因此有時稱「上海農學會」；又自 1898 年冬起他的正式名稱應為「江南農學總會」，見章楷，〈務農會、《農學報》、《農學叢書》及羅振玉其人〉，《中國農史》（南京：中國農學院南京農業大學），1985 年第 1 期，頁 83。

〔註29〕〈務農會略章〉，載於楊家駱，《戊戌變法文獻彙編》，四，頁 429；章楷，〈務農會、《農學報》、《農學叢書》及羅振玉其人〉，《中國農史》（南京：中國農學院南京農業大學），1985 年第 1 期，頁 82。

及聘化學師、動植物師等，實驗改良農事，舉行賽會等；〔註30〕而最重要的則為興辦《農學報》，期能藉此廣播農業新知。

《農學報》於清光緒二十三年四月（1897年5月）在上海創刊，亦稱《農會報》。成立之初設有理事二人，聘請日文及英文翻譯各一人，以及司賬、抄寫、雜役等數人。總理庶務為蔣黻，羅振玉負責潤稿。〔註31〕梁啟超在〈農會報序〉中即明言此報之設立是欲與海內同志，遠法農桑輯要之規，近依格致彙編之例，共同研究動植物學、樹藝、畜牧、林材、漁務、製造、化學和農器等方面之農學，而布諸四海，以興農業，〔註32〕故其刊載內容頗為豐富。

根據資料顯示，《農學報》自創刊至清光緒三十一年十二月（1906年1月）停刊為止，共出三百十五冊，最初為半月刊，次年改為旬刊，半月刊時期每期約刊載八千字左右，旬刊每期約刊載五千字左右。〔註33〕刊載內容大體上分成各省農政、各地農事消息和務農會務、東西洋農業報刊翻譯文章等三類，舉凡林、漁、牧、蠶、桑等當時農村所需重要知識，各方面都有所譯述或論說。從第一冊到九十三冊，除第一冊刊載〈農會報序〉、〈務農會略章〉外，各冊內容主要分為幾大類，即奏摺、稟牘、條陳、說帖、章程和告示等有關農事之錄要，各省農事狀況；西報有關農務選譯，東報（日文）選譯，各國農書譯述和國人有關農學、農會之論說等，有時亦刊載論旨或一些農業問答，尤其是各國農會章程，如：英倫農務會章程、日本農會章程等。至於譯述之西書取材範圍相當廣，英、美、法、荷等歐洲各國農書皆有選譯，但仍以翻譯日文農書較多，〔註34〕此因一方面是日本距離中國較近，書籍取得較方便，另一方面則因日文較易翻譯。從九十冊到三百十五冊，調整刊載內容，並趨

〔註30〕〈務農會略章〉，載於楊家駱，《戊戌變法文獻彙編》，四，頁429～431。

〔註31〕羅振玉，〈貞松老人遺稿：集蓼編〉，載於楊家駱編，《戊戌變法文獻彙編》，四，頁248；汪詒年，《汪穰卿（康年）先生傳記遺文》，頁267；章楷，〈務農會、《農學報》、《農學叢書》及羅振玉其人〉，《中國農史》（南京：中國農學院南京農業大學），1985年第1期，頁85。

〔註32〕梁啟超，〈農會報序〉，《飲冰室文集》，第一冊，頁130。

〔註33〕湯志鈞，《戊戌變法史論叢》（臺北：谷風出版社，1986年），頁323；胡道靜，〈上海的定期刊物〉，《上海市通志館期刊》，第一卷第二期（民國22年9月），頁542；此並提及《農會報》於光緒二十四年九月讓渡與日本人香月梅外。

〔註34〕上海圖書館編，《中國近代期刊篇目彙編》，上冊，頁727～757；湯志鈞，《戊戌變法史論叢》（臺北：谷風出版社，1986年），頁323；章楷，〈務農會、《農學報》、《農學叢書》及羅振玉其人〉，《中國農史》（南京：中國農學院南京農業大學），1985年第1期，頁82。

於簡化。主要分爲三部分：文篇、譯篇和譯書著作。文篇大多是國人有關農學之論述，創會人之一的羅振玉更是投注甚多心力，發表甚多倡興農學相關文章；譯篇方面，則幾全譯取自日文書籍或報章雜誌之文章，著作則取材各國農書或國人自作。〔註35〕

《農學報》刊載的內容相當豐富且有助益於廣大中國農民改進農耕，提升產量及品質，羅振玉曾提及在他主辦農學會十年間，《農學報》所刊載翻譯的西書至少百餘種，這些文章後來還匯集成《農學叢書》七集，廣爲發行；〔註36〕而其致力於倡導興修農學之呼籲，更引起當時朝野間的響應，紛紛在地方興辦農學會、倡導農事，或上書朝廷進言廣興農會，期能有助於中國各地農業的改良。

另外，擁有科舉制度之狀元頭銜的張謇先生，終其一生不以仕宦爲途，在受到甲什戰爭和瓜分之禍的刺激，察覺普及知識啓迪民智的重要關鍵在於振興農業，發展工業，轉而致力於地方農工事業之推動。清光緒二十三年（1897）他曾上奏朝廷，主張立國之本，不在兵商，在於工與農，而尤以農業爲要，〔註37〕希望皇帝及朝廷能夠學習英國君主頒旨保護及推動務農會的興辦，他說：

> 近日上海設立農學會，專譯東西洋農報農書，未始非中國農政大興之兆，臣擬請皇上，各省派一人主持其事，設立學堂，講求土宜物性，此等農會創辦及新生之物，……飭令督撫保護。（張謇〈請興農會奏〉，《張季子九錄》，實業錄，卷一，頁5。）

同時，根據他的觀察，更進一步指出，朝廷應督促地方政府設法將江海荒灘或山澤閒地等，一筆撥發給各地農學會，由其試辦各種農作育種等新法，並鼓勵民眾與之通力合作推廣各類桑棉畜牧等新式耕作方法，以達富民強國之本。〔註38〕

數千年來，以農立國的中國之所以興立不墜，在於廣大農民辛勤勞作，穩

---

〔註35〕上海圖書館編，《中國近代期刊篇目彙編》，上冊，頁757～791；潘君祥，〈我國近代最早的農業學術團體——上海農學會〉，《中國農史》（南京：中國農學院南京農業大學），1983年第1期，頁16。

〔註36〕羅振玉，〈貞松老人遺稿：集蓼篇〉，載於楊家駱編，《戊戌變法文獻彙編》，四，頁248；章楷，〈務農會、《農學報》、《農學叢書》及羅振玉其人〉，《中國農史》（南京：中國農學院南京農業大學），1985年第1期，頁85。

〔註37〕張謇，〈請興農會奏（光緒二十三年）〉，《張季子九錄》，實業錄，卷一，頁5。

〔註38〕同前註，頁7。

定國家經濟命脈。清季在面臨西力衝擊及日本的崛起，朝野智識之士已不斷有振興知識開啓民智呼聲，而啓迪農民智識即在於教育農民各種農作新知，因此當時朝中大臣亦屢有上書，奏請廣設農書會之議。其時，掌江南道監察御史曾保彥即曾上書奏請降諭旨飭地方官保護農學會或恩賞銀兩；〔註39〕總理各國事務衙門奕劻等，亦以興農學大有益於生產，奏請獎勵上海農學會；〔註40〕督理農工商總局大臣端方等，則奏請應廣開農學會，並在京師開設農學總會，並興辦農學報。〔註41〕

由於農業向來是以農立國的中國之根本，因此採取西方學會形式成立農學會，以振興農業的主張，並不背離保守分子傳統興農觀念，因此各地農學會的創設受到朝廷中央一定的支持。清光緒二十四年五月十六日（1898 年 6 月 19 日），上諭詔命劉坤一查明上海農學會章程，咨送總理衙門，並頒行於全國各地，廣爲流傳。〔註42〕結果，戊戌變前興辦之各種學會中，農學會不僅大興於全國，甚至到戊戌政變後，朝廷仍以農學會倡興農學，於農事有助益而未予以禁止。〔註43〕

務農會及《農學報》是近代中國最早農學組織及刊物，其活動也的確引發熱心人士的贊助與推廣，對於西方農學新知的傳播及中國農業發展不無助益，對其後全國各地農會之設立更具有開風氣之先。

### （二）農學總會

除前述務農會外，根據記載其時上海亦曾有另一個以推動農業改良爲主的農學總會的成立。農學總會以學習新知爲立會宗旨，創立於上海。〔註44〕在張靜廬編輯的《中國近代出版史料二編》中，曾收錄其章程，以整頓農務、

---

〔註39〕 〈掌江南道監察御史曾保彥摺〉，光緒二十四年五月初二日，載於佚名編，《戊戌變法檔案史料》，近代中國史料叢刊續編第三十二輯（臺北：文海出版社，民國 65 年），頁 386。

〔註40〕 〈總理各國事務衙門奕劻等摺（光緒二十四年五月十六日）〉，載於佚名編，《戊戌變法檔案史料》，頁 388。

〔註41〕 〈督理農工商總局大臣端方等摺（光緒二十四年七月十九日）〉，載於楊家駱編，《戊戌變法文獻彙編》，五，頁 391。

〔註42〕 梁啓超，〈戊戌政變記事本末〉，載於楊家駱編，《戊戌變法文獻彙編》，一，頁 316。

〔註43〕 羅振玉，〈貞松老人遺稿：集蓼集〉，載於楊家駱編，《戊戌變法文獻彙編》，四，頁 250；〈兩江總督劉坤一片（光緒二十四年十月初三）〉，載於楊家駱編，《戊戌變法文獻彙編》，五，頁 489。

〔註44〕 張玉法，《清季的立憲團體》，頁 199。

倡導農藝、立農報、謂農書、開學堂、墾荒等爲其宗旨，〔註 45〕至於活動則因缺乏資料，無法做較詳細之介紹。

### 二、地圖公會

地圖公會（全名爲譯印西文地圖公會）是由鄒代鈞（沅帆）於清光緒二十二年（1896）創立，〔註 46〕維新派人士汪康年、陳三立、吳德瀟、王秉恩和志鈞等人贊助資金，最初會務由《時務報》兼辦。〔註47〕

由於一份詳細之地圖可以使人易於辨認方位，明白地理位置所在，彊域之大小及山川地形，激發鄉土之情，並利用地理位置來確認自己及國家的定位。在鄒代鈞創辦地圖公會前，國人對於國家地理及地圖的概念向來模糊，地圖的繪製甚爲簡略，亦無經緯度之分；一般國民對於地理疆域及地圖知識所知有限，當時市面上流傳的世界地圖僅有《瀛環志略》、《海國圖志》、《地球圖本》等，且錯誤頗多，爲增進國人對世界地理知識的了解，傳播西學新知，因而有地圖公會的創辦。

鄒代鈞（字沅帆，湖南新化人）精研史地通測繪學，清光緒十一年（1885）經兩江總督曾國荃推薦，隨公使駐英、法等國，接觸西方知識，體認西方國家豐富的地理知識後，曾利用職務之便，購得德、英、法、俄等國分製精細之世界各國地圖，計有西伯利亞、中亞細亞、中南半島、印度、北美洲、南非及中國各省地圖等共二百六十幅。〔註 48〕歸國後，爲能對國家社會盡分心力，且基於有必要透過地圖的繪製，讓人民重新認識中國國土疆域建構國民國家認同感，以及透過世界地理的認知了解世界各國，於是召集會員，成立此一公會，並進一步著手辦理譯印繪製地圖工作。

鄒代鈞在地圖公會的創設基本宗旨中，明示創設目的在集資合眾力立會繪印中西地圖，並廣爲傳播，以使國人了解世界地理，開啓民智。他指出根據他的觀察，西人繪製地圖必定力求精密，並廣流傳，不僅可以長久使用且有助於

---

〔註45〕 張靜廬編，《中國近代出版史料》，二編，頁 866。

〔註46〕 汪詒年，《汪穰卿（康年）先生傳記遺文》，卷六，頁 15：。

〔註47〕 〈譯印西文地圖招股章程〉，《時務報》，第一冊（光緒二十二年七月初一日），頁 66；張靜廬編著，《中國近代出版品史料》（臺北：中華書局，1957 年，初版），頁 76。

〔註48〕 〈譯印西文地圖招股章程〉，《時務報》，第一冊（光緒二十二年七月初一日），頁 62～64；張靜廬編著，《中國近代出版品史料》（臺北：中華書局，1957 年，初版），頁 71～72。

國人對國家及世界的認識，了解各地物產及從事各種建設，因此地圖公會譯印繪製地圖亦當如是；且為能精確繪製，應籌募資金，時時派人前往全國各地測繪、修正，使繪製的地圖不僅精密，且可源源續印，傳之後世。〔註49〕

地圖會成立後，預計 3 年內出版國內外地圖 600 幅，然而創業維艱，會務事繁，資金不足，雖然公會成立後曾經招募會員募集資金，但是有限，僅憑鄒代鈞一己之力，實感力不從心，致使印圖工作一再延遲，清光緒二十三年（1897）初第一批地圖 94 幅終於繪製完成，共攜往日本用銅版紙印製後上市銷售。由於品質精美，供不應求，很快銷售完畢；然因資金不足，且面臨清光緒二十四年（1898）戊戌政變，清政府禁設學會，為繼續譯印地圖書鄒代鈞遂將地圖公會改為輿地學社，後又改稱輿地學會，持續譯印工作，因此第二批地圖遲至清光緒三十四年（1908）年始印出，而鄒代鈞亦因心力交瘁於同年三月去世，〔註50〕隨後地圖公會亦因缺乏領導人而解散，鄒代鈞希望透過地圖，開啟民眾認識國家地理環境新視野之願景，亦暫受挫。

地圖公會是為譯印繪製各種地圖而成立，就其性質而言，類似於今日之書局或出版社，與一般所謂的社團組織不盡相似，名為學會，實似書局；但是這正是此時學會組織的特色之一，對時的知識分子而言，舉凡能有助於國家社會發展之事，皆希望廣結群力，學習西學新知，以加速開啟民智之速度，最直接且立竿見影者，就是仿照西方學會組織，蒐集圖書地圖、譯寫書籍、講學辦報等，期以此開風氣養成人才，但是在交通不發達的時代，資訊難免不足，學會本身組織卻又不夠完善，常因人事而有所興廢，地圖公會即是典型例子。

## 三、譯書公會、譯印中西書籍公會、上海印書公會

### （一）譯書公會

譯書是傳播西書西學的最佳途徑，亦是了解西方社會最迅速且有效的方法之一。受限於以中國為中心的傳統觀念，中國傳統知識分子及守舊人士視西方為蠻夷之邦，於西學棄之敝屣，即便在自強運動之後，中國各地陸續有江南製造局、福州船政局、同文館等翻譯西書之機關學校的設置，除為一事一藝之用外，亦翻譯各國相關書籍，傳遞西方新知，但偏向自然、軍事科學方面，較少財政經法之書籍，〔註51〕以致於對西方各國實際的發展無從了解，

---

〔註49〕汪詒年，《汪穰卿（康年）先生傳記遺文》，卷六，頁 16～17。
〔註50〕汪詒年，《汪穰卿（康年）先生傳記遺文》，卷六，頁 17。
〔註51〕馬建忠，〈擬設繙繹院書議〉，《適可齋記言記行》，近代中國史料叢刊第十六

於西方國情風俗習慣亦所知有限，形成外人盡知中國，中國對西方卻幾無所知的現象，因此如欲求變圖強，則譯印西書爲成改革要務之一，上海譯書公會即在此思維下應運而生。

譯書公會由董康、趙元益、惲積勛、惲毓麟、陶湘等人集資於清光緒二十三年（1897）秋天成立，〔註 52〕以採擇譯印泰西科技書籍爲宗旨，凡西方各國有關政治、學校、律例、天文、輿地、光化電汽諸學、礦務、商務、農學、軍制等各類書籍皆爲其譯述之列，但是較偏向政、法、經等類書籍。會址設於上海新馬路。〔註 53〕

譯書公會雖屬學會性質，但是其組織型態較類似於今日之翻譯出版社，除設有總理一人及協理一人各一人外，另聘英文翻譯三人，法文翻譯二人，德、俄、日文翻譯各一人，亦有西文總校一人、中文總校一人、覆校二人，初校三人等負責校對工作，以及寫字四人負責謄寫書稿等事務；至於創設資金方面，成立之初募集了一萬元，做爲開辦經費。〔註 54〕組織規模雖然不大，但是以當時中國社會中幾無專門從事譯印外文書籍專責機構而言，譯書公會之成立，頗能開廣風氣。

成立後之譯書公會，動態的演講、講學活動並不常見，亦未見其創設學校，而以譯印書籍和出版《譯書公會報》做爲推廣宣傳西方知識主要媒介。《譯書公會報》於清光緒二十三年九月（1897 年 9 月、10 月間）創刊，每周出刊一期，屬周刊性質，每期約三十頁，〔註 55〕由惲積勛（叔耆）等人負責編輯，章炳麟、楊模（範圍）任主筆，創刊後至少曾出版二十期。〔註 56〕

從其出版之一至二十冊之篇目和內容觀察，除刊載屠進寫的〈譯書公會敍〉，章炳麟〈譯書公會敍〉，和〈譯書公會章程〉外，幾乎所有文章皆與翻

---

　　輯，（臺北：文海出版社，民國 57 年），記言，卷四，頁 21；Tsien Tsuen-hsuin, "Western Impact on China Through Translation", *Far Quarterly*, 13（1954），P.317。其中，江南製造局的譯書工作規模較大，自清同治十年（1871）至光緒三十一年（1905）共計譯著 178 部書，包括自然科學 66 部、軍事科學 38 部、機器製造 35 部、醫學 11 部，以及文史類 21 部。

〔註 52〕王爾敏，〈清季學會彙表〉，《晚清政治思想史論》，頁 143。

〔註 53〕譯書公會，〈上海新立譯書公會章程〉，載於楊家駱編，《戊戌變法文獻彙編》，四，頁 459。

〔註 54〕同前註，頁 460。

〔註 55〕上海圖書館編，《中國近代期刊篇目彙編》，上冊，頁 890。

〔註 56〕湯志鈞，〈乙未戊戌間全國各地主要報刊負責人題名〉，《戊戌變法人物傳稿》，下卷，頁 734。

譯之西文書籍或文章有關。第一期到第七期分成西報滙譯、東報（日文）滙譯和文編等項，第八期以後較詳細，分爲英報選譯、法報選譯、德報選譯和東報選譯，文編等項；至於各國報紙取裁範圍及內容則以英國倫敦中國報、東方報，法國權報、中法新滙報，德國縣報，日本東京朝日報、太陽雜誌、時事新報等刊載之文章爲其主要譯述對象。〔註57〕透過對各國報紙刊載內容的譯述，適時的將當時英、法、德、日等各國的政、法、商等情事以及風土民情等，引介至中國，對於國人對中外情勢之了解有相當之助益。

另外，從其譯印出的書籍觀察，大部分屬於政治、外交、地理等社會科學方面書籍，如：翻譯自法文的「五洲通志」、「東遊隨筆」，譯自英文之「交涉記事本末」、「中日搆兵記」、「拿破崙失國記」、「威靈呑大事記」、「英歲政比較」、「五洲輿地圖考」、「西事紀源」和「泰西志林」等，〔註58〕這些書籍雖非經典之作，且屬一般通論性書籍，同時由於語文隔閡，所譯之西書非盡能達信、雅、達之境，但是對當時的中國而言，已達至少能讓國人以中文認識西方文化思想的第一步。

譯書公會所譯書籍雖然並不多，但誠如《知新報》對譯書公會的評論所言：「近來中國所刊之書，多爲初學而設，得此公會以輔助不及，獲益良非淺鮮，若各省仿而行之，自強之基，捷如影響，本學會實有厚望於諸君焉」。〔註59〕誠然，就當時的中國社會風氣而言，譯書公會之設立，雖未必能驟起影響，掀起翻譯西書，大量輸入西學之浪潮，但由此開啓風氣，全國各地皆有人譯印傳播西學，則中國之進步，民智之開啓自然指日可待。

## （二）譯印中西書籍公會、上海印書公會

譯印中西書籍公會於清光緒二十三年（1897）八月間，由王仁俊成立於上海。其時，王仁俊擔任《實學報》總理，思譯印中西要籍傳播西學新知，遂結合同好成立此會，以「譯印中西要籍，廣五州之聞見」爲宗旨，〔註60〕

〔註57〕上海圖書館編，《中國近代期刊篇目彙編》，上冊，頁890～900。

〔註58〕譯書公會，〈上海新立譯書公會章程〉，載於楊家駱編，《戊戌變法文獻彙編》，四，頁461；湯志鈞，《戊戌變法史論叢》（臺北：谷風出版社，1986年），頁325。

〔註59〕譯書公會，〈上海新立譯書公會章程〉，載於楊家駱編，《戊戌變法文獻彙編》，四，頁461。

〔註60〕〈本館附辦譯印中西書籍公會〉，《實學報》（臺北：文海出版社，民國85年，影印本），第一冊（光緒二十三年八月）；〈本館告白〉，《實學報》，第七冊（光緒二十三年十月）。

惟實際會務運作情形，因乏資料無法詳知。

上海印書公會於清光緒二十三年（1897）十月，由顧澗賓、黃曉圃等人成立於上海，以譯印東西方新知書籍為宗旨，〔註61〕至於組織活動則因乏資料無法詳知。

### 四、實學會

傳統觀念以立國之道，尚禮義不尚權謀；根本之圖，在人心不在技藝。然自鴉片戰爭以後，以禮義為干櫓，忠信為甲冑的中國何以屢戰屢敗？「泰西之人，豈天人耶？頭同圓也，足同方也，……心思之悲，才力之雄相為伯仲，而強弱之形，盛衰之勢判若天淵者，何哉？務實學不務實學」〔註62〕而已。有鑑於此，清光緒二十三年（1897），維新人士王仁俊在上海成立了實學會。〔註63〕

實學會以講求學問，考覈名實為宗旨，認為實用的知識才能真正的有助於國家的強，期能結合群力，上承三聖之緒，外以周知四國，博采通議，廣西學，〔註64〕以開風氣，啟迪民智。其具體組織型態和運作方式，因資料散佚，未能略窺全貌，但知其曾創辦《實學報》，推廣實學。

《實學報》，清光緒二十三年八月（1897年8月、9月間）在上海創刊，屬旬刊性質，由王仁俊和章炳麟主筆，朱樹人、蒯光典、容閎、孫福保、項思勛、陳懋治、傅雲龍、程起鵬等維新派人士亦經常在此發表或譯述文章，停刊時間未詳，〔註65〕應與戊戌變法失敗，維新人士紛紛走避有關，但至少應曾出刊過十四期左右。

根據其創刊啟事與宗旨所載，其創設目的為「講求學問，考核名實，博採通論，廣譯各報」；刊載的內容可分四大綱：（1）天學：包括法、律、曆、要義，以及中西算理等；（2）地學：凡山川形勢，萬國圖志皆納入；（3）人學：聖賢教術，朝野掌故，中外制度的約章等；（4）物學：即格致體用，動

---

〔註61〕 閔杰，〈新發現的戊戌時期學會及其意義〉，《求索》，1993年第6期，頁107；其資料引自〈上海譯書公會名〉，《求是報》。

〔註62〕 何樹齡，〈論實學〉，載於楊家駱編，《戊戌變法文獻彙編》，三，頁165。

〔註63〕 張玉法，《清季的立憲團體》，頁202。

〔註64〕 湯志鈞，〈乙未戊戌間全國各地主要報刊負責人題名〉，《戊戌變法人物傳稿》，下卷，頁733；胡道靜，〈上海的定期刊物〉，《上海市通志館期刊》，第一卷第一期（民國22年6月），頁194，然此言實學報負責人乃王仁俊、王斯源，不知何者為是。

〔註65〕 王仁俊，〈實學報啟〉，《時務報》，第三十六冊（光緒二十三年七月二十一日），頁1。

植物以及光化聲汽重力之屬。實際上，根據留傳下來之十四冊篇目及內容，雖未能每冊皆同時刊登此四類文章，然其內容已相當豐富；大致上每冊皆有有關實學通論，摘述國人議倡實學之奏摺；翻譯英、法、日文報紙時事新聞，和中西之專著等。〔註66〕

### 五、醫學善會、醫學會

#### （一）醫學善會

戊戌維新變法人士吳仲弢、龍澤厚和梁啟超等人，以不求保種之道則無以存中國，因保民必自醫學始，故保種之道除興學以保存其心靈外，即保健身體，強健體魄。〔註67〕故為強國保種，延續民族生命，於清光緒二十三年（1897）秋成立醫學善會；〔註68〕希望能開醫會以通海內海外之見聞，與一般讀中西醫學有所心得之賢士大夫，壹心群策而廣仁心仁術於天下。〔註69〕

醫學善會以講求醫學，救種族之式微，拯救病者之急難為宗旨。成立以後，曾擬立醫學堂，精選才高之士，研究醫學，培養人才，設立醫院，廣施救濟幫助病患，並擬刊醫報，甄中法西法之美善，傳播中西醫學。〔註70〕惟其詳細組織、會員、經費、活動等情況，有待進一步考證。

雖然今日並無資料具體記載醫學善會之實際活動或相關事蹟，但其重視醫學，注意到當時中國社會醫師缺乏，食衣不潔、疾病叢生而思加以改善之立意則頗為美善，且欲強國，若無強健之國民則無以為之。此亦是當時有識之士欲改良中國社會風氣，革除不良風俗習慣之因。

#### （二）醫學總會

醫學總會由孫直齋、王仁俊、沈敬學等於清光緒二十三年（1897）創辦於上海。主負責人為沈敬學，以「探索西醫藥理，變革傳統醫學」為宗旨。

---

〔註66〕 湯志鈞，《戊戌變法史論叢》（臺北：谷風出版社，1986年），頁324；上海圖書館編，《中國近代期刊篇目彙編》，上冊，頁872～880；實學報社編輯，《實學報》（臺北：成文出版社，民國85年，影印本），第一至十四冊（光緒二十三年八月至十二月）。

〔註67〕 梁啟超，〈醫學善會序〉，《飲冰室文集》，第二冊，頁70；湯志鈞，《戊戌變法史論叢》（臺北：谷風出版社，1986年），頁317。

〔註68〕 王爾敏，〈清季學會彙表〉，《晚清政治思想史論》，頁144；張玉法，《清季的立憲團體》，頁200。

〔註69〕 梁啟超，〈醫學善會序〉，《飲冰室文集》，第二冊，頁72。

〔註70〕 同前註；湯志鈞，《戊戌變法史論叢》（臺北：谷風出版社，1986年），頁317～318。

希望在東中西方交流多年之後，能夠由醫學會的成立，遍邀同好，探流溯源。

醫學總會成立後除招募會員探討醫原理、創辦《醫學報》外，並籌辦義診、醫學堂、等活動。光緒二十四年（1898）五月二十日，曾經延攬其時著名醫者鄔于軼、徐頌屛、顧壽田、卓蓮清等人進行義診，醫護貧窮村民。爲培育醫療人才，同年並開始籌設醫學堂，招募學生，期能透過教育培養具西學醫理素養之醫療人才。〔註71〕

## 六、蒙學公會

長久以來，由於教育的不普及，人民智識普遍低落，在面對西方國家船堅砲利的威脅，與新知的輸入，有識之士在痛定思痛之際，深切體認提升國民智識之重要性，認爲中國之積弊在於人愚。試想國民十人中有六人不識字，識字中不解文法者又佔其三，且傳統啓蒙教育僅止於誦書，強逼死背，結果是記誦十年，一字不解。〔註72〕緣此，汪康年、曾廣銓、葉瀚和汪鐘霖等人，基於蒙養乃天下人才之根柢，希望全國童幼男女皆能普受教化，不致蒙昧無知，不辨事理，受人蹂躪，而於清光緒二十三年（1897）創立蒙學公會，〔註73〕倡導兒童教育。

易言之，蒙學公會成立之宗旨即思集合群力以宣揚聖教，開通錮蔽，以淺顯之圖器歌頌論說文字，辦報出書，立法廣說，推廣兒童啓蒙知識，以利於蒙童之學習，以及培養蒙學師資，造就教育人才。〔註74〕

蒙學公會成立後，主要活動爲興辦《蒙學報》。由汪康年、葉瀚、曾廣銓等人負責編輯印行。〔註75〕第一期於清光緒二十三年十一月（1897 年 11 月、12 月間）發刊，旬刊，石印本。刊行目的係希望藉由報紙的發行，補充學堂之不足，從而啓發蒙學教育。〔註76〕因是爲幼兒及兒童之啓蒙而創設的報刊，

〔註71〕 閔杰，〈新發現的戊戌時期學會及其意義〉，《求索》，1993 年第 6 期，頁 108。
〔註72〕 茅謙，〈蒙學報博議〉，載於于寶軒編，《皇朝蓄艾文編》，第七九卷，雜纂三，頁 29。
〔註73〕 〈蒙學公會公啓〉，《時務報》，第四二冊（光緒二十三年九月二十一日），頁 1；〈蒙學會會報簡章〉，載於楊家駱編，《戊戌變法文獻彙編》，四，頁 542。
〔註74〕 〈蒙學公會公啓〉，《時務報》，第四二冊（光緒二十三年九月二十一日），頁 1～2。
〔註75〕 湯志鈞，〈乙未戊戌間全國各地主要報刊負責人題名〉，《戊戌變法人物傳稿》，下卷，頁 733。
〔註76〕 汪詒年，《汪穰卿（康年）先生傳記遺文》，卷六，頁 7；湯志鈞，《戊戌變法史論叢》（臺北：谷風出版社，1986 年），頁 325。

所以內容特色在於文字淺顯，以圖畫歌訣為主，除了刊登簡易之字課、數理、方志、圖表和智學等文章外，並譯述西文通俗兒童作品，以及刊載有關養育、母儀規訓之類書文，提供婦女閱讀、學習及參考，期能在在母親的知識教育下，培育出優良兒童，從而提升國民智識，達富國強種之目標。〔註77〕

蒙學是一切教育之根本，良好之啟蒙教育，不僅能培養健全之人格，更能栽培出優秀的國民，蒙學公會的成立，充分顯露當時中國的知識人士在經過對西方國家富強之因的探索後，了解到中國傳統教育不足之處。為全面革新傳統教育，除了廢科舉之外，從根本的幼兒教育開始，以淺顯活潑之語文教授，開啟智識，並輔以母教，方能培養出身心健康的新國民，有了強健的國民，才能創造出新的富強國家。

## 七、東文學社

學習西方新知，無論是閱讀或翻譯西方著作，皆必須能夠直接閱讀西方各國文字，因此學習西方各國語文是國家邁向富強道路重要途徑之一，但是在甲午戰後成為東方強國的日本，特別是日本如何能夠在明治維新中強盛起來，值得中國借鏡之處皆應學習，因此日本語文的學習有其必要性。

為了培育翻譯日本書報人才，清光緒二十四年（1898）羅振玉、蔣黻和汪康年、蔡元培等人，在前述緣由下，遂集會成立「東文學社」，以研習日文為宗旨，期能透過授課學習日文，培育熟諳日語人才，並與日本進行各項交流。〔註78〕

成立後的東文學社，經費由農學報館負擔，其活動方式類似於今日外文進修教育性質。清光緒二十四年正月（1898年1月、2月間）正式開班，招集學員研習日文，由曾經任職《農學報》日文翻譯之藤田豐八等擔任教習，〔註79〕其後王國維亦曾任教於此。由於中日接觸日漸頻繁，國人需用日文比例漸多，因此學習者不在少數，日後學政界不少出於此社。〔註80〕

---

〔註77〕〈蒙學會會報章程〉，《時務報》，第四二冊（光緒二十三年九月二十一日），頁2。

〔註78〕汪詒年，《汪穰卿（康年）先生傳記遺文》，卷五，頁4；王德毅，《王國維年譜》（臺北：中國學術著作獎助委員會，民國65年，初版），頁11；陶英惠，《蔡元培年譜》（中央研究院近代史研所專刊（36），臺北：中央研究院近代史研所，民國65年，初版），頁71。

〔註79〕汪詒年，《汪穰卿（康年）先生傳記遺文》，卷五，頁4；章楷，〈務農會、《農學報》、《農學叢書》及羅振玉其人〉，《中國農史》（南京：中國農學院南京農業大學），1985年第1期，頁86。

〔註80〕王德毅，《王國維年譜》，頁12。

### 八、亞細亞協會

日本自與中國簽訂《馬關條約》後，一舉提高其國際地位，但是距離所謂的強國仍甚遠，部分人士認爲在日本成爲眞正的強國之前，仍應與中國維持友好關係，因此思與中國交好攏絡中國，積極尋求中國人民友誼；與此同時，部分中國士紳亦認爲甲午戰爭雖然造成中日之間的裂痕，但是面對西方列強對亞洲的侵略，同爲亞洲國家的中國與日本應共同合作，尋求亞洲富強之途，〔註81〕緣此遂有亞細亞協會之成立。

亞細亞協會初名興亞會，係由鄭孝胥、鄭觀應、文廷式、何嗣崑與日本小田切萬壽之助等人於清光緒二十四年四月（1898年6月、7月間）創立。〔註82〕依章程規定，無論亞洲大小各國皆准入會，泯畛域之見，共立亞洲富強之本，〔註83〕因此，開宗明義即以「聯絡同洲，開通民智，研究學術」爲其宗旨。〔註84〕設有正副會長各一員、監會一員、議會二十員，皆由公舉，以及正副董事若干人，由會長選任。每月十五日開會，每年春秋各開一次會員大會。〔註85〕

目前對其會務並無較具體資料可供參考，惟據了解該會曾研擬研究自治立憲章程，顯示其較偏屬政治性社團；另外亦曾擬開設藏書樓、學校、博物院等等。基本上，此一協會的成立，除了顯示日本已漸開啓的大東亞主義主張之外，亦顯現部分中國人東亞文化圈思維，但是這種想法在面臨現實政治考量時，顯然對中國未必有益，而日本亦只是想攏絡中國，以順遂其侵略而已。

### 九、算學會、格致學社、經濟學會、集學會、女學會、正氣會、興會

戊戌時期上海地區尙有部分學會雖知其曾創設並有若干活動，但是因料散佚，僅略知其會名或章程等。

算學會，清光緒二十三年（1897）成立於上海。〔註86〕其宗旨組織缺乏

---

〔註81〕 李守孔，《唐才常與自立軍》，中國現代史叢刊第六冊，頁56～57。

〔註82〕 〈興亞有機〉，《湘報類纂》，雜錄，己下，頁3。興亞會最初創於日本夏本梁川子爵武揚，旣又改爲亞細亞協會；黃福慶，《近代日本在華文化及社會事業之研究》（中央研究院近代史研所專刊（45），臺北：中央研究院近代史研所，民國71年，初版），頁2～3，文中論及亞細亞協會在日本之組織經過，並以其屬性較接近政治性社團。

〔註83〕 王爾敏，〈清季學會彙表〉，《晚清政治思想史論》，頁160～161。

〔註84〕 〈興亞大會集議記〉，《湘報類纂》，論著，己集上，頁2～3。

〔註85〕 〈興亞大會集議記〉，《湘報類纂》，論著，己集上，頁3。

〔註86〕 梁啓超，〈乙未以來之學會〉，《戊戌政變記》，頁242。

詳細資料記載，僅知其由黃源澄主導，可能他即是學會創始人。曾於是年七月刊印《算學報》，提倡西學，介紹學習格致化學等西方新知之重要性，希望能藉此增進國人對西方科學知識的認識。〔註87〕

格致學社於清光緒二十四年（1898）八月由華蘅芳、徐建寅、楊德成、徐慶沅、汪康年、羅振玉、黃受謙、王季同、趙元益、鍾天緯、華世芳、徐樹封、葉瀚、蔣黼、王季烈、邱震等人成立於上海，以講求格致之理、互相切磋有裨實學為宗旨，曾借眉壽里速成教習學堂為會講之所。〔註88〕

女學會由黃瑾娛（康廣仁妻）、沈瑛成立於清光緒二十三年（1897），以推廣女學為宗旨，主要活動為興辦女學堂及女學報，〔註89〕思以打破傳統女性無才便是德之迂腐觀念，培養才德兼具之健全婦女。

經濟學會成立於清緒二十四年（1898）三月，由南江縣紳士溪世幹創辦。其時《益聞錄》曾載溪世幹以時事關懷，為振興學校，輔翼富強起見，廣集同志四五十人，擬定章程十九條，設立經濟會。〔註90〕

正氣會由汪康年與容閎於清光緒二十四年（1898）創立於上海，以「以凝聚士氣、以友輔仁」為宗旨，期藉由集會結社，合群力以凝聚國人士氣，振興圖強，所謂人貴自立，君子以友輔仁，由此以達振奮社會人心士氣之目的。〔註91〕

集學會和興會，僅知其成立於上海，〔註92〕其組織活動則因乏資料無法詳知。

## 貳、改良社會風俗方面學會

### 一、戒纏足會

千年來婦女纏足之習，使婦女倍受病苦，全國半數國民因足殘而病弱，既

---

〔註87〕 湯志鈞，《戊戌變法史論叢》（臺北：谷風出版社，1986年），頁324；湯志鈞，〈乙未戊戌間全國各地主要報刊負責人題名〉，《戊戌變法人物傳稿》，下卷，頁733。

〔註88〕 閔杰，〈新發現的戊戌時期學會及其意義〉，《求索》，1993年第6期，頁109。

〔註89〕 張玉法，《清季的立憲團體》，頁202；湯志鈞，《戊戌變法史論叢》（臺北：谷風出版社，1986年），頁318。

〔註90〕 閔杰，〈新發現的戊戌時期學會及其意義〉，《求索》，1993年第6期，頁108。

〔註91〕 王爾敏，〈清季學會彙表〉，《晚清政治思想史論》，頁148。

〔註92〕 張玉法，《清季的立憲團體》，頁201；湯志鈞，《戊戌變法史論叢》（臺北：谷風出版社，1986年），頁318。

廢天理、傷人倫、削人權，又害家事、損生命、戕種族，〔註93〕國家焉有不弱之理？有識之士早已引以爲憂，有主張上書朝廷請重申順治十七年（1660）女子不得纏足之諭旨；〔註94〕亦有主張應於全國廣興女學，使婦女識字而知纏足之害，不再繼續纏足；〔註95〕或如婦女無法自省廢纏足，有識之士應結合群體之力，立會以戒纏足。〔註96〕因此，維新派人士梁啓超、汪康年、麥孟華、康廣仁、鄒凌瀚、張通典、吳鐵樵、譚嗣同、龍澤厚、賴振寰和張壽波等人遂於清光緒二十三年六月（1897年7月）在上海發起戒纏足會。〔註97〕

戒纏足會所最初設在上海《時務報》館，後移到大同譯書局。由於長久以來婦女解放纏足不僅是婦女心聲，亦係知識分子肯定爲所應爲之事，因此戒纏足會成立後，深獲各界響應，除了發起人11人外，尚有董事163人以及一般會員。〔註98〕同時，由於梁啓超曾在〈戒纏足會章程〉中提及希望以上海戒纏足會爲總會，在各地廣立分會，意欲建立一個公開的全國性團體，將婦女戒纏足觀念及行動推廣於全國，最終能讓全國婦女解放纏足，頗能引起有心人士響應，因此同年江蘇嘉定、崇明及常熟即有「不纏足會」的設立，其後湖南、湖北、福建、澳門等地亦皆成立「不纏足會」，〔註99〕直接、間接

---

〔註93〕〈湖南署臬司黃勸諭幼女不纏足示〉，《湘報類纂》，戊集（下），頁4。

〔註94〕張之洞，〈戒纏足會章程敍〉，《時務報》，第三八冊（光緒二十三年八月十一日），頁28。

〔註95〕〈懷寧何熙來書〉，《時務報》，第四十七冊（光緒二十三年十一月十一日），頁8。

〔註96〕駕湖痛定女士貫復初，〈纏足論〉，《萬國公報》，第九一期（光緒二十二年七月）、（1896年8月）頁5～6，又文中謂曾有西人在華設「天足會」提倡禁纏足，有益中國婦女衛生及健康之發展；張玉法，《清季的立憲團體》，頁178，謂光緒二十一年間上海曾有「天足會」（Natural Foot Society）的創立，鼓吹婦女應廢纏足習慣。

〔註97〕梁啓超，〈試辦不纏足會簡明章程〉，《飲冰室文集》，第二冊，頁23。又此一章程實乃梁啓超與吳鐵樵共同草擬，由鄒凌瀚、譚嗣同、龍澤厚共同商定草擬而成。又戒纏足會後改名爲「天足會」，詳王爾敏，〈清季學會彙表（上）〉，《大陸雜誌》，第二十四卷第二期（民國51年1月31日），頁50；王爾敏，〈清季學會彙表（下）〉，《大陸雜誌》，第二十四卷第三期（民國51年2月15日），頁90。亦有研究者稱其爲「上海不足纏會」，詳閭杰，〈戊戌學會考〉，《近代史研究》，一九九五年第三期（1995），頁61。

〔註98〕梁啓超，〈試辦不纏足會簡明章程〉，《飲冰室文集》，第二冊，頁21；〈不纏足會董事姓氏〉，《時務報》，第三一冊至第六八冊（光緒二十三年六月至光緒二十四年）。

〔註99〕王爾敏，〈清季學會彙表〉，《晚清政治思想史論》，頁139～140；湯志鈞，《戊戌變法史論叢》（臺北：谷風出版社，1986年），頁317。

宣傳推廣各類婦女解放纏足活動，大開婦女不纏足之風氣。

戒纏足會成立後積極推動各項婦女戒纏足活動，除為希望會員由己身做起，有效根除婦女纏足陋習，規定凡入會者所生女子不得纏足，所生男子不得取纏足之女，其已纏足者，如在八歲以下，一律解放，期藉此以新風氣，破除傳統婦女非纏足無以婚嫁之陋習外。定期刊印會員名冊，譯印勸女學歌等書。同時，為改善婦女知識，並規劃興辦女學校、婦孺報館，設婦嬰醫院、恤釐局等。〔註100〕惜至清光緒二十四年（1898）戊戌政變後，大同官書局被封，梁啓超遠走海外，會員懼禍四散，戒纏足會遂因之停辦，會員冊籍亦大半喪失。〔註101〕

戒纏足會雖停辦，然而婦女解放纏足運動風氣已開，各地提倡禁纏足或婦女自行解放者漸多，至民國成立後婦女纏足者已漸少。

## 二、戒烟會

鴉片戕害身體、影響家庭社會發展，嚴重者甚至危及國家社稷，自清中葉有識之士魏源、林則徐等人強力宣導禁烟以降，中國各界提導禁烟者不絕如縷，張之洞即曾為文指出欲使中國富強，首需「強民」，而欲「強民則在戒煙」，〔註102〕而其時思組織群眾，合群體之力禁煙者，在上海地區首推鄭觀應、鄭孝胥等人。

鄭觀應、鄭孝胥等人於清光緒二十四年（1898）成立戒烟會。〔註103〕成立宗旨開宗明義即言目的在於各地廣勸戒煙，以清毒害，強健國民體魄。〔註104〕其時全國各地皆有戒煙活動，桂林、廣州、香港、澳門、杭州、嘉興、長洲、太原、武寧、廣豐和瑞州等地皆設有戒烟會。〔註105〕徐勤更在日本橫濱組「戒鴉片烟會」，博採戒烟良方，印戒烟歌，戒烟文廣傳戒烟。〔註106〕目前雖無直

---

〔註100〕梁啓超，〈試辦不纏足會簡明章程〉，《飲冰室文集》，第二冊，頁22～23；汪詒年，《汪穰卿（康年）先生傳記遺文》，卷六，頁5。

〔註101〕丁文江，《梁任公先生年譜長編初稿》，頁38。

〔註102〕張之洞，〈南皮張尚書戒纏足會章程敘〉，《時務報》，第三八冊（光緒二十三年八月十一日），頁28。

〔註103〕王爾敏，〈清季學會彙表〉，《晚清政治思想史論》，頁146。閔杰，〈新發現的戊戌時期學會及其意義〉，《求索》，1993年第6期，頁111，認為本會應名為戒烟公會，成立時間為清光緒二十三年（1897）年。

〔註104〕同前註；張玉法，《清季的立憲團體》，頁142。

〔註105〕王爾敏，〈清季學會彙表〉，《晚清政治思想史論》，頁162～163。

〔註106〕〈戒鴉片煙會章程〉，載於楊家駱編，《戊戌變法文獻彙編》，四，頁403。

接史料了解上海戒烟會活動內容及其成效，但因鴉片爲害中國至深，全國性的
戒烟活動勢在必行，其成立必具有鼓吹之效，且亦代表發自民間的一種自識，
了解戒烟之必要，而欲除此惡習。

　　上海爲中西往來交通、士商走集之地，風氣開通。在近代西方結會結社
社會思潮廣泛傳播下，爲其時往來於此之有識之士做了充分的輿論準備，他
們在目睹國家危亡，思變革求強之心也較強烈，學會運動亦因之頻繁且具成
效。清光緒二十四年（1898）戊戌政變前，以有資料記載，分布在全國十三
省六十多個大小規模不一的學會觀察，〔註107〕上海的學會組織至少二十個，
將近全部的三分之一，學會活動之頻繁可見一斑；而上海爲當時中國最要的
對外交流集會地與國際都市，其傳播新知更爲迅速，更具開風氣、啓迪民智
之先，其影響不可謂不大。

# 第三節　上海以外江蘇省各地學會組織與活動概況

　　江蘇省其它地區之學會運動和上海比較起來就顯得少，且僅限於文風較
盛之地。根據資料顯示，從清光緒二十一年（1895）至二十四年（1898）期
間，設有學會者，主要集中在江寧、嘉定、蘇州、揚州和吳江縣等縣市，且
活動並不頻繁。

## 壹、啓蒙新知與西學傳播方面學會

### 一、廣益學會

廣益學會係於清光緒二十二年（1896）由潘元善、黃守恆等人於嘉定設
立。宗旨在提倡西學，購買西洋理化書籍、儀器共同研究，以增進國人在西
學知識方面的能力，〔註108〕其活動組織，影響所及則未得其詳，但大體上應
是以研究學習西學爲主。

### 二、蒙學會、測量學會、勸學會

蒙學會、測量學會、勸學會等三個學會皆創立於江寧，成立時間亦相當

---

〔註107〕張玉法，《清季的立憲團體》，頁199～206，在此蒐集了六十三個學會之多，
　　　　然實際數目尚不僅此。
〔註108〕陳傳德、黃世祚編纂，《嘉定縣續志》，民國19年刊本，卷七，教育志，頁
　　　　13。

接近。

蒙學會，成立時間、創始者、組織、宗旨均不詳，僅知其成立於江寧，〔註109〕根據其名稱應與上海蒙學公會性質相同，為提倡啟蒙教育而設，因此抑或與上海蒙學會有所關聯。

測量學會是由維新人士楊文會、譚嗣同等人於清光緒二十三年（1897）成立。因有感於中國對近代天文、地理等知識之落後，遂成立此會。曾訂定章程九條，其宗旨在吸取西方天文知識，從事天文、地理、氣象等方面研究工作；為便利於購買各種科學儀器，訓練使用儀器的能力和培養專業知識等。由於經費募集困難，初期一切測量儀器均由楊文會自備，希望能夠讓會員透過對儀器的拆解，使各專精於一門。〔註110〕但實際組織活動，如有無辦學報或學堂等活動則無從得知。

至於「勸學會」則成立於清光緒二十四年（1898）。〔註111〕其性質應是提倡教育，廣勸興學。實際組織、活動則因缺乏史料而無從了解。

### 三、雪恥學會

江蘇吳江縣人陳巢南（去病）於清光緒二十四年（1898）春，創立此雪恥會，目的在響應康有為、梁啟超等人提倡的維新運動，〔註112〕以合群力救國家，一雪甲午戰敗及受西方侵略之恥辱為宗旨。但組織及活動似乎在戊戌政治以後，因禁結社組黨而停頓。

### 四、勵學會

勵學會，創立時間約在清光緒二十四年（1898）戊戌政變以前，其創始人之一，包天笑曾指出：時在中日甲午戰爭之後，戊戌政變以前，和幾位志同道合的朋友，祝伯蔭、湯紫驤、汪棣卿、戴孟鶴、馬仰禹、包叔勤和李叔

---

〔註109〕王爾敏，〈清李學會彙表〉，《晚清政治思想史論》，頁143；胡思敬，〈戊戌履霜錄〉，載於楊家駱編，《戊戌變法文獻彙編》，一，頁400。

〔註110〕胡思敬，〈戊戌履霜錄〉，載於楊家駱編，《戊戌變法文獻彙編》，一，頁400；梁啟超，〈乙未以來之學會〉，《戊戌政變記》，頁243；湯志鈞，《戊戌變法史論叢》（臺北：谷風出版社，1986年），頁318。

〔註111〕王爾敏，〈清李學會彙表〉，《晚清政治思想史論》，頁148；湯志鈞，《戊戌變法史論叢》（臺北：谷風出版社，1986年），頁318；閔杰，〈新發現的戊戌時期學會及其意義〉，《求索》，1993年第6期，頁111，認為本會應名為雪恥會，成立時間為清光緒二十三年（1897）年。

〔註112〕柳棄疾，《南社紀略》，頁6。

良等人合組「勵學會」。其宗旨在共同研習各國新知，掌握時代脈動；代表年輕知識青年欲設會求新知之歷程。

勵學會成立後，主要活動為開辦書局及出版雜誌。為能及時獲取各國最新出版書籍資料，創會者並捐助基金，成立東來書莊，出售有關日本書籍和各種文具。書莊創設後最初一年生意尚頗為興隆，附近城市如常熟、吳江、崑山等文風極盛的縣市人員，常至此買書、訂雜誌。其後更開辦《勵學譯編》，由同社中懂日文者，翻譯日文書籍刊登，內容大多屬法律、政治性方面議題，每月出一刊，最初幾期有七、八百份的銷售量，以當時的識字率及閱讀者數量而言，銷售量不錯，但不久之後，即因經營不良而停刊，勵學會亦停辦。〔註113〕

### 五、蘇學會

章鈺、張一麐和孔昭晉等人以兩湖兩粵等各地皆已有興學，雖僻小郡邑，亦知自新，而江蘇省會之地蘇州竟仍無興辦學會之舉，於是相約於清光緒二十三年（1897）創立蘇學會。〔註114〕

蘇學會成立之宗旨在以「因時制宜為主，取其互相講解，振起人才，為將來建立學堂張本」；「以中學為體，西學為輔，以中學包羅西學」為目標，期能在「不互相標榜，摒開門戶之見，采西益中，講求有用之學」，以及「專以學問相砥礪，勿議朝政」前提下，〔註115〕達有用於國家之目的。

依據組織章程規定：凡入會者必須繳會銀五圓，作為購買書籍等一切經費；且會友必須是讀書明理之人，能守身知恥，否則如有踰越規矩，不安分者，初次勸戒，二次則開除會籍，會費充公。但如有損助者，捐銀錢十元以上准借閱本會書籍，十元以下則發給收據。〔註116〕至於會中事務則由會員公舉經理一人，協理三人，分理四人，凡會中撰述及銀錢出入等事皆由協理管理；會中書籍及一切雜務，皆由分理管理，經理則統籌一切。〔註117〕

主要活動為購買書籍，定期講習等。在學會公所廳設立至聖先師聖牌，每月朔望拈香行禮，其後於是日作定共集會講習，會友互相切磋討論；〔註118〕並

〔註113〕包天笑，《釧影樓回憶錄》，頁147、149、161～170。
〔註114〕〈蘇學會公啓〉，載於楊家駱編，《戊戌變法文獻彙編》，四，頁445。
〔註115〕〈蘇學會簡明章程〉，載於楊家駱編，《戊戌變法文獻彙編》，四，頁446；湯志鈞，《戊戌變法史論叢》（臺北：谷風出版社，1986年），頁318。
〔註116〕〈蘇學會簡明章程〉，載於楊家駱編，《戊戌變法文獻彙編》，四，頁447～448。
〔註117〕同前註，頁446。
〔註118〕同前註。

利用會費購買書籍，廣爲藏書，以供會友閱讀。〔註119〕很顯然的，至聖先師牌位的設立，具有強調固有文化與維護儒學的精神存在。自西洋文明輸入以後，中國傳統文化受到極大的挑戰，而中國若欲進步又勢必要擷取西洋所長，以補中國所短，於是「中學爲體，西學爲用」之觀念產生，蘇學會之主張即在此。

蘇學會是清光緒二十四年八月（1898年9月、10月間）以前，除上海以外，並在江蘇省各地設立分會，是江蘇省於戊戌政變前最有組織及具規模的學會，亦是代表當時主張改革卻又不失其本，采中體西用理論之實踐者的心聲；惜戊戌政變後，清政府爲防各地反政府勢力擴大，禁止一切結社集會，蘇學會亦暫時停止其活動。

### 六、醫學會

受到上海醫學總會影響，其時蘇州名醫繆禹臣遂於清光緒二十四年（1898）五月於蘇州設立之醫學會，不定時實施義診施診送藥，嘉惠鄉里；〔註120〕但其組織、宗旨、活動均因缺乏資料未能詳述。

### 七、鎮江學會

鎮江學會係由曾任湖北自強學堂教習陳慶年邀集趙銘辛、黃恆伯等人於清光緒二十四年（1898）八月創立，會所設於鎮江。曾訂定章程指出該會成立在有書可以觀摩，有友可以講習，彼此激勵，並以「鳩集同志，以朋友講習，有恥博文，師亭林之學派，采西益中，法校邠之抗議合眾人之財力，以廣購書籍，群多士之智識，以互易聰明」爲宗旨。惟其成立後相關活動因乏資料無法詳知，僅知其雖以鎮江爲名，招募之會員並不以鎮江籍爲限，凡流寓寄籍及同志之人，皆可入會。〔註121〕

## 貳、改良社會方面學會

### 一、白話學會

清光緒二十四年（1898）裘廷梁、顧植之、吳蔭階、汪贊卿、丁梅軒等人於無錫設立白話學會，以白話文乃中國維新之本，因而提倡白話文，凡是有心者，不論中外人士皆可入會，會友入會時須聲明認股若干，自一元至數

---

〔註119〕〈蘇學會簡明章程〉，載於楊家駱編，《戊戌變法文獻彙編》，四，頁447。
〔註120〕閔杰，〈新發現的戊戌時期學會及其意義〉，《求索》，1993年第6期，頁108。
〔註121〕閔杰，〈新發現的戊戌時期學會及其意義〉，《求索》，1993年第6期，頁109。

千元皆作股份。

　　白話學會成立後曾出版《白話會報》，並計劃設官書局。光緒二十四年閏三月二十六日（1898 年 4 月）由裘廷梁創辦發行無錫白話報，每五日發行一期，刊載內容分成三類：（1）演古，如經、史、子、集等，取其以扶翼孔教者，取其與西事相發明者；（2）演今，取中外名人撰述之已譯已刻者，取泰西小說之有雋理者；（3）演報，取中外之近事，取西政西藝，取外人議論之足以藥石我者。談新述故，務擷其精；間涉詼諧，以博其趣。並以話代文，俾商者、者、農者、工者及童塾子弟，力足以購報者，略能通知中外古今及西政西學之足以利天下，爲廣開民智之助。發行至第五期後改爲中國官音白話報。無錫白話報爲我國最早白話刊物。〔註 122〕

### 二、匡時學會

　　匡時學會，清光緒二十四年（1898）於揚州創設，僅知其以革新社會風氣、匡濟時局爲宗旨，其餘活動則不得而知。〔註 123〕

　　基本上，在清光緒二十四年八月（1898 年 9 月、10 月間）戊戌政變以前，江蘇省各地區學會活動並不頻繁，僅少數幾個城市，風氣早開，接受西學，承認西學有其優良處而思加以學習，或關心國事而思集會合群力以振奮圖強外，其餘地區甚固塞不通，有待進一步的提倡。然值得一提的，由前幾個學會性質來看，其主張、宗旨、活動誠屬於溫和的、漸進的改革主義。

## 第四節　學會之頓挫

　　戊戌時期的學會是晚清士人自願結合的社團組織，本身並非只像明清之際文人之文酒之會，偶而聚之，文人飲酒談詩論文，而是有組織、宗旨、會員、固定集會時間等，其活動以啓迪民智、開啓風氣爲目標，除討論國家地方大事，從事各種社會公益活動，如興學校、設藏書樓、譯印書籍、辦報紙、宣傳各種新知或現代之禮俗及革除不良惡習，期能植基於中國富強之原。雖然其主張未必能夠完全落實於活動中，但是已意識到透過群體力量，廣泛的

〔註122〕上海圖書館編，《中國近代期刊篇目彙錄》，上冊，頁 922～925；裘廷，〈無錫白話報序〉，楊家駱編，《戊戌變法文獻彙編》，四，頁 544～545；湯志鈞，《戊戌變法史論叢》（臺北：谷風出版社，1986 年），頁 327。

〔註123〕胡思敬，〈戊戌履霜錄〉，載於楊家駱編，《戊戌變法文獻彙編》，一，頁 400；湯志鈞，《戊戌變法史論叢》（臺北：谷風出版社，1986 年），頁 318。

製造輿論力量，可爲使中國富強的和平改革活動增添助力，只要透學會運動，則「一年而豪傑集，三年而諸學備，九年而風氣成」。〔註124〕

學會的成立，團結聚集了分離的士紳，振興了士氣。上海的學會發展，由初期爲植國家之本而興起的務農會、蒙學會、女學會，到譯印西書、研究西學、學習西洋科技，和禁纏足、禁煙等革除社會不良風氣，在在表現其改革圖變之思想。而此亦表示學會運動本身是爲開風氣，寓西藝於中學，教化人民，達到和平改革，拯救中國之目的。

上海地區學會發展迅速，除因其爲國際商港，爲中西人文匯聚之地外，開埠較早，風氣早開，士紳觀念較開明，較易集合群眾，廣爲宣傳亦是因素。又因上海爲十里洋場，較重商業及社會文化，部分人士爲固守其既得利益，爲避免戰爭或革命爆發，亦較傾向於保守中的改革。因之，初期學會發展以具社會改革傾向爲主，缺少政治性方面的會社，此與北京所立之保國會、保浙會、保川會等政治性的學會，〔註125〕大異其趣。然此一學會運動仍因守舊勢力的反對及清光緒二十四年（1898）戊戌政變而頓挫。

傳統觀念經常使人趨於保守，守舊人士以世代相傳的祖宗家法爲有廢棄之理，所謂書院、科舉，皆爲先聖之鴻規，中國所固有，豈可變之，而西藝格致聲化僅爲形而下之奇淫巧技，於五倫無名分，皆無利於我，爲有入主廟堂之理？〔註126〕對於會社，更視爲聚集結黨，有叛亂之嫌，所謂「君子不黨」，明代之亡，黨爭之禍，其一因也，殷鑑不遠，且清開國即有嚴禁結社的諭旨，豈可立會？強學會之遭封禁，即是守舊派反對立會之先聲。御史言官上奏禁止立會之聲更此起彼落，清光緒二十三年三月間（1897年4月、5月間），御史黃桂鋆上奏〈禁止莠言摺〉所言：

> 近日人心浮動，民主民權之說日益猖獗，若准各省紛紛立會，恐會匪聞風而起，其患不可勝言，且該舉人等，無權無勢，無財無位，赤手空拳，從何保起？抵制外人則不足，盜竊內政則有餘，況如所說浙人保浙，滇人保滇，川人保川，推而廣之，天下皆爲人所保，天下從此分製乎？名則保其桑梓，實則毀其家邦，此風萬不可長，……相應請旨嚴飭。（黃桂鋆，〈禁止莠言摺〉，《戊戌變法文獻

---

〔註124〕楊家駱編，《戊戌變法文獻彙編》，四，頁376。
〔註125〕王爾敏，〈清季學會彙表〉，《晚清政治思想史論》，頁149～150。
〔註126〕孔昭焱，〈論中國變法之害〉，載於楊家駱編，《戊戌變法文獻彙編》，三，頁164。

彙編》，二，頁 465。）

此種以立會必使國家分裂的觀念，正是當時保守士紳的心態，而一般群眾保守觀念更深，群而攻之或漠而視之者亦不少。因之，戊戌政變保守勢力取得絕對優勢後，清政府除了捕殺維新人士外，並進一步頒旨禁立會社，凡拿獲參與戊戌各類學會人等，分別首從，一律治罪，〔註127〕致使倡導組織學會者噤若寒蟬，避之唯恐不及，學會亦因此而暫挫。

〔註127〕梁啓超，《戊戌政變記》，頁 281。

# 第三章 庚子事變以後江蘇省的學會發展
## （1900～1911）

## 第一節　上海地區之學會組織與活動概況

　　清光緒二十四年（1898）戊戌政變，各項維新措施紛紛停辦，方興未艾之學會運動亦頓受挫折。支持變法者或逃出國門、或被殺、或被貶、或褫職。然而，清政府所注目者不過康梁等首要人物，事過境遷，許多參與變法維新或組織學會者陸續被赦，如：內閣學士張百熙，以濫保康有為被革職，但至清光緒二十四年十二月（1899 年 1 月）隨即開復；禮部尚書李端棻亦於清光緒二十七年（1901）赦歸。〔註 1〕至清光緒二十六年（1900）義和團事變爆發，雖因唐才常自立軍起事，張之洞再度大倡黨禁，但中央並未強烈支持，而當時士子在八國聯軍後，以國家已面臨苟延殘喘的境地，更思以一己之力，意圖挽救國家危亡，立憲運動、革命活動亦乘時而起，進行其救國運動。此時，具有形成一種群眾性活動功能的學會組織，則成為其宣傳進行活動之一手段；於是自清光緒二十六年（1900）以後，更大規模和更多數量的各種學會組織再度興起。

　　此時，學會運動所代表的象徵與活動，不再僅是提倡改革社會不良風氣、翻譯西書、學習西政、進而對外利用有組織的學會推動排外運動，對內要求更多的改革，發展新教育、提倡國學文化、推展地方自治與憲政運動，而部

---

〔註 1〕　〈李端棻及徐致靖傳〉，載於趙爾巽等撰，《清史稿》，列傳二五一，頁 12739
　　　　　～12740。

分政治性團體雖然沿用學會、學社等名稱，但是明為興學立會，實乃行其政治改革活動。

位居國家社會經濟樞紐地位的上海，自庚子事變以後，學會運動發展更如雨後春筍般崛起，較之戊戌時期更為蓬勃。義和團之排外反教運動，激起全國的自救運起，在中國者，中國人之中國之覺悟，自清光緒二十七年（1901）起，無論是主張溫和改革者或是激進的革命派，利用上海特殊地理位置進行各種改革活動，或成立學會、或興辦刊物、或設學校、以鼓動風潮，發抒言論。

此期上海學會運動較之前期更趨多元化，除了延續前期之西學新知外，隨著內政、外交的變化而有前所未有之教育會、立憲會、地方自治會，以及為爭國權之拒俄、反中美工約等學會組織亦應運而起。

## 壹、教育方面之學會

教育乃立國根本，特別是在與西方各國持續接觸及日本明治維新成功後，證明有系統的學習、吸收近代西方新知，是與西方國家抗衡、國家富強的唯一途徑；而近代新式教育體制的建立，則是國民學習新知與普及教育的根本。戊戌政變後京師大學堂幸獲保存，其因即在於即便是守舊分子，亦深知立國無教則無所存，以及新式教育之存在實屬必要。

清政府自清光緒二十六年（1900），在八國聯軍入據北京，幾乎亡國的威脅中醒覺，了解群眾無知之可悲及新式教育之重要，因而自清光緒二十七年七月十六日（1901 年 8 月 29 日）皇帝詔命自明年起鄉試、會試等均試策論，不用八股程式，並停武科。〔註2〕同時，諭命各省縣市成立各級學堂，期廣通風氣，提高教育知識。

清光緒三十一年八月初四日（1905 年 9 月 2 日）更諭命宣布自光緒三十二年（1906）起，鄉試、會試、科考一律停止。〔註3〕清光緒三十二年三月初一日（1906 年 3 月 25 日）清廷詔示，提倡新式教育，定忠君、尊孔、尚公、尚武、尚實為教育宗旨，〔註4〕然而，久處於科舉舊制的中國社會，欲倡導新學，一時間成立各級學堂實非易事，因之有設教育會之議，期以此教

---

〔註 2〕 清宣統間敕撰，《大清德宗景皇帝實錄》，收錄於楊家駱主編，《清光緒朝文獻彙編》（臺北：鼎文書局，民國 67 年，初版），卷四八五，頁 13～14。
〔註 3〕 清宣統間敕撰，《大清德宗景皇帝實錄》，卷五四八，頁 4～5。
〔註 4〕 清宣統間敕撰，《大清德宗景皇帝實錄》，卷五五七，頁 1。

育會輔助教育行政之不足，圖教育之普及，以及將原有之學務公所、勸學所等聯絡一氣，遂於清光緒三十二年八月（1906 年 9 月、10 月間）由學部奏擬《教育會章程》，〔註 5〕令全國各省縣設立教育會，於是全國各地紛紛成立教育會。

　　上海地區因向爲人文薈萃之地，對教育亦特別重視，受到西方會社啓發，在清末公布教育會章程允許人民組織教育團體前，早已有倡導教育之組織，其活動組織，不僅止於補助教育行政之不足，尚有設學校，譯印教育書籍，且其主持人多爲地方士紳。另外，亦有革命分子利用學會一方面提倡教育，並宣傳革命主張。茲將 1900 年至 1911 年間在上海成立倡導教育之相關學會分述如下。

## 一、中國教育會

　　戊戌政變後，在上海成立並具規模之教育屬性學會首爲中國教育會。清光緒二十七年（1901）間，透過翻譯及介紹，西方民主教育思想逐漸在中國發展，爲提倡新式教育，其時活躍於上海，主張變革的知識分子蔡元培、蔣智由、林獬、葉瀚、王季同、汪德淵，黃宗仰（烏目山僧）和鐘觀光等，於清光緒二十八年（1902）春發起創立中國教育會，會所設於上海泥城橋福源里。〔註 6〕

　　自清光緒二十四年（1898）以後，受到西方國家及日本啓迪的新式教育漸漸在中國各地發展。不僅在中央及地方彊臣的推動下，廣開學堂；劉坤一、張之洞的變法奏摺中，即以論興學育才，應以分設學堂、改科舉、停武科、獎游學等爲要。〔註 7〕但當時新式教育之譯本教科書並不多，且未必適用於其時之中國學生使用，非重新編訂無以興學，因之，蔡元培等人希望成立此一中國教育會，結合群力翻譯東西書籍，介紹西學新知於全國青年，期能達到改良教育、培植人才之目標。教育會立之始即言「我國今日學界最缺乏者

〔註 5〕　〈奏合各省教育會章程〉，載於多賀秋五郎編，《近代中國教育史資料（清代編）》（臺北：文海出版社，民國 65 年），頁 431。

〔註 6〕　蔣維喬，〈中國教育會之回憶〉，《東方雜誌》，第三十三卷第一期（1936 年 1 月），頁 7；馮自由，〈中國教育會與愛國學社〉，《革命逸史》（臺北市：臺灣商務印書館，民國 42 年，臺一版），第一集，頁 170；另外關於發起者，馮自由一文中提及章炳麟、吳敬恒亦爲發起者，但當時章炳麟正在日本，吳敬恒則至十月份才加入，故馮之說有誤。

〔註 7〕　郭廷以，《近代中國史綱》，頁 367。

教科書，教育會發興之始，即欲以此自任」，明白宣示希望透過編寫教材改革教育，並教育青年開發其智識，增進其國家觀念。〔註8〕

中國教育會成立之初，雖然會員不多，且缺乏經費，但是在其「欲造成理想的國民，以建立理想的國家，造成共和的國民，必欲共和的教育，要共和的教育，所以先立共和的教育會」理念下，積極推展會務，組織及活動亦較戊戌前期成立之學會更具規模。

最初，會員們推舉蔡元培為會長，除上海教育會外，清光緒二十九年（1903）分別在常熟、吳江等地成立支部。吳江支部負責人有金天翮、林礪、柳棄疾、陶庚熊等人，組織及相關規定頗為嚴謹，會員每年必須繳一圓，公積學堂，做為辦理業務之費用；每月定期於星、房、虛、卯日，上午八時至十二時齊集於會址同川學堂開會議事，如因故無法出席，必須請假，一切均須遵循會規；會務及活動則除購買圖書儀器，提供學習之外，〔註9〕附設有明華女校。常熟支部則為殷次伊、丁初我、徐覺我等人發起，會務組織章程及活動和吳江支部類似，附設有塔後小學，興倡新式教育。〔註10〕

除成立支部外，由於教育之根本在廣興學校、普及教育，所以中國教育會除致力於新知傳播外，積極籌設學校，先後成立愛國學社、愛國女校、麗澤小學等。

清光緒二十八年（1902）夏，清駐日本公使蔡鈞因支那亡國紀念會事件，極力抑制或遣返留日學生，其時吳敬恒和幾十名欲至日本留學者遂被阻止並遣反國內，吳敬恒憤而與蔡元培、章炳麟商量，試圖自行籌設學校，培植人才；〔註11〕同年秋冬之際，適有南洋公學學生因不滿學校壓抑學生言論自由，引發學生退學風潮；於是在吳敬恒、蔡元培等人和蒯光典〔註12〕及羅迦陵女士等人的慷慨捐款與支援下，〔註13〕成立愛國學社。後來又因南京陸師學堂學生章士釗、林礪等數十名學生和浙江大學、杭州陸師學堂，不滿學校

〔註8〕 馮自由，〈中國教育會與愛國學社〉，《革命逸史》，第一集，頁170。

〔註9〕 〈教育會支部研究會序〉，《蘇報》（光緒二十九年二月四日，1903 年 3 月 2 日），頁2。

〔註10〕 馮自由，〈中國教育會與愛國學社〉，《革命逸史》，第一集，頁173。

〔註11〕 吳稚暉，〈回憶蔣竹莊先生之回憶〉，《東方雜誌》，第三十三卷第一期（1936 年 1 月），頁18～21。

〔註12〕 同前註，頁18；〈南海公學學生出校記〉，舒新城編，《近代中國教育史料》（臺北市：臺灣商務印書館，民國 68 年，影印本），頁116～117。

〔註13〕 馮自由，〈中國教育會與愛國學社〉，《革命逸史》，第一集，頁171。

守舊作風，自動退學加入愛國學社，〔註14〕使此一學社學生成員驟增，學生加入學社蔚爲風潮。最初教育會初創會員多任職於此，一方面推廣會務，另一方面則擔任教師，負責教導學生。學校課程採二年制，爲考量學生畢業後升學及就業成效，設有尋常與高級兩個年級、四個班級教學。原則上學社內的活動由學生自理，學生分成若干聯、每年約二、三十人，自由組成並公舉一人爲聯長負責處理該聯事務。尋常級教師由高等生中公舉之，教授修身、算學、理科、國文、地理、歷史英文、體操等課程；高級教師則由中國教育會中人或延聘其他教育學者擔任，教授倫理、算學、物理、心理、化學、國文、日文、英文、經濟、政治、法律等課程。〔註15〕頗有西方學院校園自主精神，其時改革派刊物《新民叢報》曾在其社論裏，稱此一學社之成立「實教育界前途一大希望也」。〔註16〕

　　愛國女校係中國教育會會員經元善、林獬、蔡元培、蔣智由、黃宗仰等提議和黃宗仰、蔡元培經理與邏迦陵女士經費的支持下成立。由蔡元培親自擔任女校校長，希望學生不應只是一個賢妻良母，而關懷國家。最初學生僅十幾人，多爲會員之妻女。〔註17〕

　　另外，中國教育會會員亦在各地亦有組織學校，如：劉季平、劉東海、秦毓鎏等在上海華涇鄉設立麗澤小學；〔註18〕黃炎培、張志鶴在南匯川沙設立川沙小學和開群女校；〔註19〕蘇州有吳淞公學社，在杭州亦有兩浙公學社〔註20〕和勵志改進學社，〔註21〕其成立時間大約在清光緒二十八年（1902）至二十九年（1903）期間。

　　中國教育會除積極興辦學校之外，並推動及參與各種宣傳，教育會會員經常每週率領愛國學社學生至張園安愷第會場發表演說，傳播各種新知，鼓吹群眾勇於變革，言論頗爲激烈。〔註22〕清光緒二十九年三月（1903年4月），教

〔註14〕〈童子世界〉，載於上海通社編，《上海研究資料續集》，頁505。
〔註15〕〈愛國學社章程〉，載於舒新城編，《近代中國教育史料》，頁117～118。
〔註16〕〈愛國學社與教育界之前途〉，《新民叢報》第二十五號（光緒二十九年），頁67。
〔註17〕蔣維喬，〈中國教育會之回憶〉，《東方雜誌》，第三十三卷第一期（1936年1月），頁8。
〔註18〕馮自由，《革命逸史》，第一集，頁174。
〔註19〕〈南匯縣黨獄始末〉，《江蘇》，第六期，頁165。
〔註20〕馮自由，《革命逸史》，第一集，頁174。
〔註21〕《蘇報》，1902年7月1日。
〔註22〕蔣維喬，〈中國教育會之回憶〉，《東方雜誌》，第三十三卷第一期（1936年1

育會會員龍積之並發起阻法大會，以抵制桂撫王之春企圖以廣西路權為酬，借調法國軍隊鎮壓變亂之說，教育會會員及兩粵旅滬紳商三百多人簽名贊助，並在上海張園召開拒法大會，致電清政府要求設法阻止法兵入侵；〔註23〕五月以俄人拒自東三省撤兵，汪康年等人在上海組織動員民眾群起抗俄，計先後一千多人到場，由汪康年等發表演說，呼籲民眾為保衛國土，應共同抗俄，排外情緒高漲；〔註24〕同時為響應東京學生組織拒俄義勇隊，中國教育會會員在上海發表演說表示支援。〔註25〕

此時，各個學會間亦因有共同宗旨或類似活動，彼此互通訊息。如馮鏡如、龍積之組織四民公會時，中國教育會會員葉瀚、蔡元培、吳敬恒等人亦出席參與其會。〔註26〕

基本上，至清光緒三十一年（1905）左右，中國教育會係由態度較溫和的蔣維喬、鍾憲鬯、葉瀚等主持，以興辦教育為中心主軸，但因經費減少，會員日減。同時，自清光緒二十九年（1903）左右，活動內容由最初欲翻譯教科書，改良教育初衷，逐漸改變擴大至涉及政治外交上，尤其是愛國學社成立後，重要學生之言論已傾向激烈之排滿革命主張；但是激烈的革命言論必然引發政府的疑忌與禁止，至清光緒二十九年六月（1903 年 7 月）《蘇報》案爆發，愛國學社重要成員章炳麟、鄒容等被捕判刑，愛國學社因此被迫解散，連帶亦迫使蔡元培、吳敬恒等人遠走他鄉，〔註 27〕中國教育會亦在群龍無首，會員四散下漸趨沒落。僅有愛國女校在蔣維喬等有心人士的支持下，存留至民國時代。〔註28〕

## 二、江蘇私塾改良總會

中國傳統教育體制中，私塾為大部分莘莘學子啓蒙之所，特別是在中國尚未全面普設新式學堂普及中小學教育下，私塾仍是學子求知重要教育場

---

月），頁9。

〔註23〕〈海上熱力史〉，《蘇報》，光緒二十九年四月十日（1903 年 5 月 6 日），頁 1。

〔註24〕同前註，頁2。

〔註25〕蔣維喬，〈中國教育會之回憶〉，《東方雜誌》，第三十三卷第一期（1936 年 1 月），頁 10。

〔註26〕《蘇報》，光緒二十九年四月十日（1903 年 5 月 6 日），頁 2。

〔註27〕陶英惠，《蔡元培年譜（上）》，頁 162；胡懷琛，〈上海的學藝團體〉，《上海市通志館期刊》，第二卷第三期，頁 536～537。

〔註28〕蔣維喬，〈中國教育會之回憶〉，《東方雜誌》，第三十三卷第一期（1936 年 1 月），頁 10。

所，有其一定之教育功能，況且如能利用私塾講授新知，更可補新式學堂之不足，因此清光緒三十一年五月（1905 年 6 月），沈宗榮於上海成立江蘇私塾改良總會。〔註29〕

　　江蘇私塾改良總會設立宗旨在改革傳統教育發展新式教育，仿照舊時私塾之設，教師可自行收徒教授，但須採用新式教學方法，注重講解，不重背誦，教授四書五經和新書，由淺入深啓蒙新知，以補充傳統師資人力、資金及資源等各方面之不足。

　　私塾改良總會之成立乃在結合各地私塾，使其有組織有系統的教授學生西學新知並使之持續學習傳統舊學，因之私塾改良總會之組織規模類似於近代新式學校，設有政庶課（課務組）負責規劃統整課程，並有董事、總理學務人（教務長）、總務、管理書籍雜務等職員管理學務，至於經費則來自捐款。〔註31〕

　　至於活動內容則以教學爲主，根據江蘇私塾改良總會章程，教師們在私塾中講授之課程內容，除依學生程度將學生分成三班分別教授外，教材則兼具中西學，頗有體系：此外，非常重視學生學習成果，每學期課授完畢必須評定成績，每星期有小考，以求身心並重。〔註30〕

表 3-1：江蘇私塾改良總會課程表

| 班　級 | 課　　程 | 內　　容 |
|---|---|---|
| 頭　班 | 講書、作問答、譯文、作小論、畫地圖、習筆算等六課。 | 中國歷史、外國歷史、中國地理、外國地理、修身、衛生國民讀本、普通新知識讀本。 |
| 二　班 | 講書、默書、譯文、作句、拼字、習珠算等六課。 | 中國歷史、中國地理、修身、衛生、蒙學二編、三編。 |
| 三　班 | 講書、抄書、講字義、口答問語、珠算加減法等五課 | 國文教科書第一、二集、蒙學課本初編、字課圖說。 |

資料來源：〈江蘇私塾改良會章程〉，《東方雜誌》，第三卷第二期（光緒三十二年二月），
　　　　頁24。

　　由前所述，私塾改良總會雖未有學校之名，卻有學校之實，期望合私人之力以興教育，然因其經費來自捐款，不固定，若是無捐款，則無以持續，所以雖然有如其章程所言，行之久，則「輕而易舉，將來即成無數蒙小學堂」，

〔註29〕王爾敏，〈清季學會彙表〉，《晚清政治思想史論》，頁155。
〔註31〕同前註，頁25。
〔註30〕〈江蘇私塾改良會章程〉，《東方雜誌》，第三卷第二期（光緒三十二年二月），
　　　　頁24。

〔註32〕而且當時海鹽、江寧等地亦皆設有私塾改良會，但是清光緒三十二年（1906）依據清政府正式公告組織設立之教育會成立後，此類改良會即逐漸轉型或消失。〔註33〕

### 三、江蘇教育總會

清光緒三十一年九月（1905年10月8日），惲祖祁、王清穆、張謇、許鼎霖、馮良、康文治、方還等江蘇自教育界、商界名流在上海愚園發起商議成立推動江蘇省教育之團體，是日與會者至少110餘人。最初稱為江蘇學會，是年12月學會再度集會，召開正式成立大會，並將會名改稱江蘇學務總會；清光緒三十二年（1906）清政府學部頒布《教育會章程》之後，改稱為江蘇教育總會，〔註34〕是江蘇省最重要的教育性學會之一。

江蘇教育總會成立後，成為江蘇全省的重要教育團體，會所初設於上海閘北醬園街，以「研究江蘇省學務之得失，圖學界之進步」為宗旨，宣統元年（1909）遷改至上海西門外方斜路。〔註35〕第一任會長經由選舉後，由江蘇省著名教育及實家張謇擔任；〔註36〕其後由唐文治繼任，惲祖郊、王同愈、許鼎霖和蔣炳章等先後任副會長。會內並設有評議員及辦事員若干人，會由每一廳州縣各派一人擔任，並設有經濟、調查、庶務、普通、專門等部。〔註37〕

教育總會基本組織類似於近代學校體制，會員分為核心會員和普通會員，入會資格需曾經興辦過學堂，或曾任教員，或是對新式教育有所認知者。〔註38〕因之，相較於其他學會，教育總會大部分會員除與教育界相關人士外，有不少是中小學教師或教育行政機關人士，知識程度較高，且以教育界人士為主。且教育總會對會員紀律秩序頗為重視，規程中明確要求學會成員必須嚴加自治，

---

〔註32〕同前註，頁24。
〔註33〕王爾敏，〈清季學會彙表〉，《晚清政治思想史論》，頁163～164。
〔註34〕〈紀議立江蘇學會情形〉，《申報》，清光緒三十一年（1905）10月9日；王爾敏，〈清季學會彙表〉，《晚清政治思想史論》，頁155；胡懷琛，〈上海的學藝團體」，《上海市通志館期刊》，第二卷第三期（民國23年12月），頁846；張玉法，《清季的立憲團體》，頁124。
〔註35〕胡懷琛，〈上海的學藝團體〉，《上海市通志館期刊》，第二卷第三期，民國23年12月，頁846；〈江蘇學會暫定簡章〉，《東方雜誌》，第三卷第二期（光緒三十二年二月），頁333～336。
〔註36〕張孝若，《南通張季直先生傳記》，頁119～120。
〔註37〕胡懷琛，〈上海的學藝團體〉，《上海市通志館期刊》，第二卷第三期，民國23年12月，頁846。
〔註38〕包天笑，《釧影樓回憶錄》，（上），頁351。

互相糾察，斥去惡者，毋使敗群，以為教育模範，能得信於鄉里信用。〔註39〕

　　教育總會成立後，以倡興江蘇省內新式教育，養成立憲國民之資格、議院、諮議局議事會人才，以及推動農工商教育為主要活動，並經常與江蘇省內各教育會或勸學所互相唱和，促進各地教育事業之發展。清光緒三十二年（1906）曾創辦法政研究會，其後改名為法政講習所，招收學生學習中西法政知識，以養成地方議員及自治人才。清宣統元年（1909），教育總會停辦法政講習所，開辦單級教授練習所。借鑑日本混齡教學方式，將不同年齡、不同程度學生編成一班，進行教學；至清宣統三年（1911）間雖由於經費短絀，僅開辦兩屆，但頗有助於江蘇省傳統教育的革新，以及外國新式教育體制與教學的引進。

　　教育總會亦與各省教育會聯合推動教育，如：於清宣統二年（1910）發起各省教育總會聯合會，邀請廣西、安徽、江西、山東、湖北、浙江、河南、福建等省代表，共謀各省教育革新，期能將近代新教育觀念實現於全國。〔註40〕為能實現其教育主張，教育總會會員並積極參與清末立憲活動，期能透過群眾運動，爭取更多的教育資源，如教育總會的張謇、孟昭常、雷奮、楊廷棟、方還等曾參與第一次的國會請願團，負責聯絡 16 省 50 餘名代表，期促使清政府儘速立憲，建立完善教育制度。接著，教育總會認為推動全國教育，無論是中央或地方皆必須編列足夠教育經費，始能推動國民義務教育或普及教育，因此又投入第二次請願活動，期能有助於江蘇省教育改革。

　　自教育總會成立後，致力於教育的改良，深受各肯定，民國成立後改稱為江蘇省教育會，仍持續運作，張謇、袁希濤、黃炎培曾先後擔任會長，至民國十六年（1927）併入江蘇省教育協會。〔註41〕

### 四、上海閤邑學務公會

　　教育改革是清末政府在一連串的政治、軍事失利後的深刻體認，希望藉由新知識與新式教育的引進，培育出具國際視野的新國民，重新邁向富強之路。因此，在光緒二十六年（1900）義和事變八國聯軍之次年，清光緒皇帝

---

〔註39〕張謇，〈江蘇教育總會會場發布意見書〉，《張季子九錄》，教育錄，卷三，頁 1620～1621。

〔註40〕王爾敏，〈清季學會彙表〉，《晚清政治思想史論》，頁 164；〈江蘇教育總會開談話會紀要〉，《申報》，宣統元年六月二十九日；江蘇省教育會，《江蘇省教育會十年概況》（江蘇省教育會，民國 4 年），頁 9～10。

〔註41〕胡懷琛，〈上海的學藝團體〉，《上海市通志館期刊》，第二卷第三期（民國 23 年 12，頁 846。

諭令進行國家教育改革，於全國各省府州縣興辦新式學堂，講授西學新知；
接著於光緒三十一年（1905）諭令廢科舉、立新學，一時間全國興辦新學蔚
為風氣，上海闔邑學務公會即於此時設立。〔註42〕

　　清光緒三十一年十月（1905 年 10 月、11 月間），姚文枏等聯合城鄉學員大
會於明倫堂，發起上海闔邑學務公會。〔註42〕

　　上海闔邑學務公會成立後，首先由會員投票選舉會長姚文枏，兼辦文案，
副會長兼財政員顧言任，師範監督項文瑞等，負責推動會務，募集資金。由
於學務公會成立宗旨在於設立學堂，推廣教育，因此組織章程中明定以公會
中之積穀利息提供各地興辦蒙、小各級學校之用；以舊學地基房屋為學務公
產。〔註44〕

　　惟為更使組織活動更為明確，成立不久的學務公會隨即將名稱改為勸學
公會，並訂定組織章程。規定公會應於每年七月召開會員大會；四月、八月
開議員會議，並區分為教育行政集會與研究教育集會兩類，而研究教育集會
又依研究項目及會議性質不同，分成管理會、修身科、教育科、算術科、格
致科、國文科、經學科、圖書科、歷史科、地理科、體操科、樂歌科、統合
科、外國語等教員會和校董會等，各個類科每年集會四次，日期由各所屬會
員自行決定。〔註45〕

　　清光緒三十二年十月（1906 年 11 月、12 月間），清學部頒布全國勸學所
章程，鼓勵各地興辦勸學所，因此勸學公會又改稱為勸學所。依照學部頒布
章程規定，勸學所設有總董一人，由該縣視學員兼任，並增設協董二人，以
及經理、財政、代辦視學各一人。總董任期一年，每年十月由大會選舉，學
務公會創始會員姚文枏、吳馨、劉增祥等曾先後擔任總董，〔註46〕致力於上
海縣內新式教育之推廣。

　　其後，至清光緒三十四年（1908）上海縣教育會成立前，勸學所主要工
作即為推動上海學務，惟上海縣教育會成立後隨即移轉至縣教育會。〔註47〕

〔註42〕吳馨、姚文枏等編纂，《上海縣續志》（民國 7 年刊本），卷九，頁 8 上。
〔註42〕胡懷琛，〈上海的學藝團體〉，《上海市通志館期刊》，第二卷第三期（民國 23
　　　　年 12 月），頁 842～843。
〔註44〕同前註，頁 8 上～8 下。
〔註45〕同前註，卷一一，頁 15。
〔註46〕同前註，卷九，頁 8 下～9 上。
〔註47〕胡懷琛，〈上海的學藝團體〉，《上海市通志館期刊》，第二卷第三期（民國 23
　　　　年 12 月），頁 843。

但是勸學所仍存續至宣統三年（1911）。〔註48〕

## 五、滬學會

　　滬學會是由葉永鋆、葉承錫、黃炎培、李叔同等人於清光緒二十九年（1903）倡導成立，至光緒三十年八月（1904 年 9 月、10 月間）始確立名稱。會所初設於上海小南門外普陀禪院空屋內，後移至上海城外趙家灣。設立宗旨在聯合志同道合人士研究地方自治等西學新知。依其組織章程規定，凡入會會員每月捐入會費半圓，其後隨著會務發展，擴大組織，附設義務小學、閱書會、體育會及各學科補習夜課等。〔註49〕

　　雖然現在缺乏直接的史料了解滬學會興辦之學校、閱讀會等成果是否極佳，但就提倡學術、開啓民智而言，滬學會活動已從辦報宣傳或演講等宣傳教育，轉而落實於學術教育推廣上，不僅興辦小學教育幼童，舉辦閱書會和各學科補習夜課，期能爲求知者提供一優質之學習環境；體育會之設立，亦顯示其了解身心合一教育之重要性，學習者學習過程中不僅止於心智的開啓，更應重視體魄的鍛鍊。此外，滬學會亦集會討論江蘇省鐵路、清查戶口、招集游民創設工院等地方建設事務。

　　滬學會成立後，適逢清光緒三十一年（1905）拒美工約風潮，擔任學會會長及總理之馬良和龔子英，召集上海學界大會，邀請群學會、南洋中學、福建學生會、務本女校等二十七個團體一百多人參加，除於會中宣傳及致函各界拒美，國人不用美貨外，並捐款助濟反美活動，刊印華工在美受到不平等待遇、生活苦狀等。當時龔氏並捐款做爲印發傳單之用。〔註50〕之後一年多的拒美運動中，滬學會並常領導學界發表演說，宣傳抵制美貨活動，使原本僅爲研究學術的滬學會染上了濃厚的政治色彩，前述之中國教育會於此時活動亦有類似轉變，但是這正是當時學會及知識分子的一種愛國救國表現。

---

〔註48〕吳馨、姚文枏等編纂，《上海縣續志》（民國 7 年刊本），卷九，頁 9 上。民國成立後，勸學公會會址改爲縣公署學務辦公處，成爲教育行政機關辦公所在地。

〔註49〕吳馨、姚文枏等編纂，《上海縣續志》（民國 7 年刊本），卷十一，頁 15 上；胡懷琛，〈上海的學藝團體〉，《上海市通志館期刊》，第二卷第三期（民國 23 年 12 月），頁 841。

〔註50〕〈滬學會提議要件〉，《申報》，光緒三十一年（1905）九月四日；張存武，《光緒三十一年中美工約風潮》，頁 51。

## 六、教育研究會

教育研究會之設立緣於上海道袁樹勛欲興辦師範學堂，於清光緒三十年（1904）遣派上海葉景澐、寶山袁希濤、吳縣沈恩孚和嘉定夏曰璈往赴日本考察師範事宜。葉景澐等考察回國後，以事關未來國人師資人才培育，應謹慎為之，建議先設立研究機構進行相關研究及做較健全之規劃，遂於清光緒三十一年（1905）成立此會。

教育研究會會所設於上海劉公祠，依據組織章程規定，會員每年須繳會費一圓。主要活動為研議師範教育實施之可行性，會所內附設體操遊戲傳習所和成績展覽會，期能加強國民體魄並宣傳新教育。

其後，隨著清政府進行的一連串教育改革，在官方的體制的變革與要求下，教育研究會遂和滬學會於清光緒三十四年（1908）合併為上海縣教育會。〔註51〕

## 七、上海縣教育會

清政府為全面推動新式教育，於清光緒三十二年（1906）由學部頒佈教育會章程，規定全國各省縣市應設立教育會，以輔助教育行政機關之不足。〔註52〕上海縣在蘇提學使的策劃下，於清光緒三十四年（1908）由教育研究會會長姚文枏、滬學會會長龔傑聯合各教育學會學董及學校校長共同商議，決定將教育研究會和滬學會合併，改稱上海縣教育會，〔註53〕成為清末上海縣公立之教育性學會。〔註54〕

上海縣教育會成立後，會所設於在當時的勸學所會址，並由會員於第一次大會中選舉出朱壽明和姚明暉分別擔任正、副會長，〔註55〕負責推動上海教育。自此，上海縣之教育事業改由上海縣教育會推廣發展。

## 八、全國教育聯合會

宣統三年四月（1911年4月、5月間），在江蘇教育總會的召集下，全國

---

〔註51〕 吳馨、姚文枏等編纂，《上海縣續志》（民國7年刊本），卷十一，頁15；胡懷琛，〈上海的學藝團體〉，第二卷第三期（民國23年12月），頁842。

〔註52〕 〈奏定各省教育會章程〉，多賀秋五郎編，《近代中國教育史資料清代篇》，頁430～433。

〔註53〕 吳馨、姚文枏等纂，《上海縣續志》（民國7年刊本），卷十一，頁14。

〔註54〕 胡懷琛，〈上海的學藝團體〉，《上海通志館期刊》，第二卷第三期（民國23年12月），頁846。

〔註55〕 吳馨、姚文枏等纂，《上海縣續志》（民國7年刊本），頁14。

各省教育總會代表齊集於上海，討論制定會章以及教育計畫等事項，至五月閉會，此代表全國教育趨於一致之象徵。〔註56〕然此一會所討論之事尚未施行，即因武昌起義中斷，使全國幾乎可聯成一氣的教育界及計畫未施行即中止。

　　自清光緒三十一年（1905）清廷宣佈廢除科舉，學部頒布章程、督促各地廣興新學以後，全國各地紛紛設立教育會。上海因佔天時、地利、人和之便，在官方教育會未成立前，教育方面之學會成立頗多，且彼此之間，除各自發展外且彼此間或多或少有間接或直接關係。前述之教育除中國教育會性質較特殊外，其它多為紳商所組織，有時官方亦間接支持。另外，與之前期相較，各教育學會之組織活動更為豐富，新式教育已成為教育發展重點，除了印書、辦學校外，更開始注意到教育行政工作與教學理論之實行，也開始重視德智以外之體群教育，這是科舉制度下所缺乏的。

　　雖然清政府未明諭開放黨禁，但在不涉及政黨叛變之下，允許教育研究組織社團的存在，此與戊戌時期官方禁止相較下，實具有不同的意義。顯示清政府此時對地方教育採取較放任之態度，所以上海地區教育研究會不止一個，彼此聯絡發展。然而，自清光緒三十四年（1908）官立之上海縣教育會成立及規定每一縣僅准有一教育會之存在，使原來民間成立之教育性質之會社紛紛取消，或無形中逐漸消失，形成單一的、官方屬性的教育會，亦顯示清政府於教育管理上已由放任轉向集中統一。

## 貳、學術藝文方面之學會

### 一、群學會

　　群學會初由高壽田、羅穀成、王燮功、郁鍾翰、楊嘉椿等十人發起創立，初名群化書社，後改名為群學會，時為清光緒三十年（1904）。〔註57〕

　　群學會初屬讀書會性質，即由少數志同道合知識分子，以中國學術待興，思合群力彼此研究，交換書籍閱讀，以強化新知、增廣見廣。故開宗明義言其設立宗旨在於「研究學術、提倡教育」。〔註58〕此後，隨著會務發展，逐漸

---

〔註56〕上海科學院歷史研究所編，《辛亥革命在上海史料選輯》（上海，人民出版社，1981年，初版），頁1229。

〔註57〕吳馨、姚文枬等纂，《上海縣續志》（民國7年刊本），頁16上。

〔註58〕胡懷琛，〈上海的學藝團體〉，《上海通志館期刊》，第二卷第三期（民國23年

將觸角延伸至興辦小學堂。因此其重要活動除附設有英、日、法文及數學代數等研究科推廣教育外，清光緒三十一年（1905）並附設義務兩等小學，廣收學生，企圖從啟蒙教育著手植根中國教育基礎。〔註59〕

群學會是少數成立於清季，並民國成立之後仍繼續運作之學會。民國成立後，由於群學會主要負責人仍致力於教育推廣，經費來源亦尚充足，組織活動更形健全，並特別致力於其時國人甚少注意之特殊教育研究。組織方面分執行與監察兩部，下設有常務委員、經濟委員、組織委員、文書委員、庶務委員、教育委員和調查委員、監察委員等。〔註60〕附設有龍啞學校、幼稚園、義務教育實驗小學、盲童學校等；〔註61〕並從事聾啞教育研究，設立聾啞教育研究會、黨義研究會，以及出版有關聾啞教育方面的書籍，為聾啞生畢業後之出路問題謀求解決之道等。〔註62〕至此，群學會已非初創時之讀書會性質，亦非僅限於基本學術研究，而是落實於實質之教育中，並將教育對象推廣至身心障礙之民眾，透過教育協助其獨立生存，影響貢獻可謂不小。

至民國二十一年（1932）左右，群學會大約有二百多個會員，〔註63〕以當時的社團組織規模而言，雖然不大但尚健全，可見熱心參與之人士仍屬不少。就西方學會觀念之引進及欲利用學會廣興新知，從根開啟民智，達救國之目的而言，則群學會之發展正是此一觀念之具體表現。

## 二、國學保存會、神州國光社與國學扶輪社

### （一）國學保存會

學習西學新知是近代中國知識分子救國圖存重要途徑，然而因此全盤捨棄中國傳統學術，則不免矯枉過正，且中國國學自有其根柢之處，固有學術文化淪亡，則國家民族亦必枯萎。有鑑於此，鄧實、黃節、劉師培、胡樸安、陳去病和柳棄疾等人，於清光緒三十年十月（1904 年 11 月、12 月間）成立國

---

12 月），頁 846；上海縣續志，民國 7 年刊本，卷十一，頁 16 上。

〔註59〕吳馨、姚文枏等纂，《上海縣續志》（民國 7 年刊本），頁 16。

〔註60〕教育部中國教育年鑑編纂委員會編，《第一次中國教育年鑑》（民國 21 年刊本；臺北，宗青圖書公司，民國 70 年，影印初版），頁 1147～1148。

〔註61〕胡懷琛，〈上海的學藝團體〉，《上海通志館期刊》，第二卷第三期（民國 23 年12 月），頁 846。

〔註62〕教育部中國教育年鑑編纂委員會編，《第一次中國教育年鑑》，頁 1148。

〔註63〕胡懷琛，〈上海的學藝團體〉，《上海通志館期刊》，第二卷第三期（民國 23 年12 月），頁 846。

學保存會。〔註64〕

　　國學保存會的宗旨在於「研究國學、保存國粹」，〔註65〕惟其復興古學不是未明以降的考據文學，也于是康有為的漢朝今文經學，而是先秦時期中國文化源頭的諸子百家之學，學會創立者試圖藉由新式學會組織宏揚傳統國學的具體表現。鄧實在〈國學保存會小集敘〉中即言：「蓋學之不講，本尼父之所憂，小雅盡廢，豈詩人之不懼，愛日以學，讀書保國匹夫之賤有責焉矣？」〔註66〕明白指出傳統中國學術是國家文化立基之根本，不能廢棄，士子須能保國學方足以救國，充分表現其愛國之民族精神。因之，國學保存會之創立，緣自傳統士紳憑其愛國熱情及以文會友傳統觀，成立學會藉以保存國學及達到保國之目的，甚或進一步恢復古學。

　　國學保存會組織並不嚴密，無董事、會長，亦無專職幹部等，鄧實是主要負責人，並非經由選舉產生，其餘都是會員；會員入會的資格亦無嚴格限制，毋須捐金，只須以個人著述、自撰、古人遺籍、或抄寄新書贈送到國學保存會即為會員，〔註67〕會員曾多達四百人以上。〔註68〕會址最初在上海愛而近路，後移至機關報《國粹學報》報館之福州路惠福里。〔註69〕

　　在活動方面，依據章程規定為興辦藏書樓、刊印古書、《國粹學報》、〔註70〕編譯教科書，以及興辦國粹學堂等。由於經費不足，計畫中三年制的國粹學堂並未設置成功，僅擬立章程和學科預算表；〔註71〕編譯之教科書亦不多，僅劉師培以近代西方教科書體例編成了經學、倫理、地理和歷史教科書各二冊，以及文學教科書一冊等。〔註72〕惟藏書樓、《國粹學報》和刊印古書方面，

〔註64〕 張玉法，《清季的立憲團體》，頁 132；王爾敏，〈清季學會彙表〉，《晚清政治思想史論》，頁 141；許弘義，〈「國學保存會」的組織與活動〉，《食貨月刊》，第五卷第九期（民國 64 年 12 月），頁 16。

〔註65〕 〈國學保存會簡章〉，《國粹學報》，第一期（光緒三十年一月），頁 1 下。

〔註66〕 鄧實，〈國學保存會小集序〉，《國粹學報》，第一期（光緒三十年一月），頁 1 上。

〔註67〕 〈國學保存會簡章〉，《國粹學報》，第一期（光緒三十年一月），頁 1 下。

〔註68〕 許弘義，〈「國學保存會」的組織與活動〉，《食貨月刊》，第五卷第九期（民國 64 年 12 月），頁 16。

〔註69〕 胡懷琛，〈上海學藝概要〉，《上海市通志館期刊》，第一卷第二期（民國 22 年 9 月），頁 529～530。

〔註70〕 〈國學保存會簡章〉，《國粹學報》，第一期（光緒三十年一月），頁 1 下。

〔註71〕 〈擬設國粹學堂簡章〉，〈擬國粹學堂學科預算表〉，《國粹學報》，第二十六期，頁 2～4。

〔註72〕 錢玄同，〈大盫著述繫年〉，《劉申叔先生遺書》，頁 1；蔡元培，〈劉君申叔事

則較具成效。

國學保存會成立之初，在鄧實、黃節、劉師培等人的捐助下，共計募集八千六百六十冊（含五萬卷）書籍，於清光緒三十二年（1906）成立藏書樓。國學保存會設置之藏書樓有如今日之圖書館，除保存大量書籍外，並開放供民眾借覽閱讀，是廣開風氣，啟民智最好的場所之一。依其章程規範，民眾至藏書樓借閱書籍必須購券，其規定為：「本樓設閱書室一所，凡到閱書者，須納閱書券費，一日券自早八時至午後五時，每張五分。半月券每張六角，一月券每張一元，長年券每張十年。」〔註73〕

由於閱讀是增廣知識最佳途徑，因此有心人士捐贈圖書者日多，至宣統三年（1911）初藏書樓藏書已達二十餘萬卷，民眾借閱相當踴躍。〔註74〕然因圖保存管理維護所需經費不少，僅憑少數捐款，難以維持，至宣統三年（1911）武昌革命前二個月終因經費困難宣告關閉。藏書則遲至民國二十一年（1932）時全數移交給復旦大學圖書館典藏。〔註75〕圖書館事業本非易舉之事，尤以私人之力量興辦更屬非易之事，此一藏書樓能持續多年，且藏書達二十餘萬卷已難能可貴，其開通風氣之功亦不可忽略。

國學保存會創辦之初即有志於收羅古人遺集，已燬或版本較少，少見之書或寫定而未刊、或久佚之書，重新審定印行，以保存國學。因此，至清光緒三十四年（1908）為止，先後刊印了國粹叢書共四十二種，其中包括詩文遺集、年譜、家訓、銷毀抽毀、禁書、違礙和奏繳咨禁書目等。〔註76〕這些叢書之重新刊印，為國家保存了不少典籍。

至於《國粹學報》的刊印則是最能表現國學保存會保存宏揚國學之中心思想。《國粹學報》自清光緒三十一年（1905）創刊至宣統三年六月（1911年6月、7月間）停刊為止，共計出刊八十二期。〔註77〕依其宗旨，《國粹學報》刊載內容國學為主，文體純用國文風格，務求淵懿精實，一洗日本文

略〉，《劉申叔先生遺書》，頁2。

〔註73〕 胡道靜，〈上海圖書館史〉，《上海市通志館期刊》，第二卷第四期（民國24年3月），頁1402。

〔註74〕 胡樸安編，〈文選〉，《南社叢選》，卷五，頁7。

〔註75〕 胡懷琛，〈上海學藝概要〉，《上海市通志館期刊》，第一卷第二期（民國22年9月），頁530。

〔註76〕 〈戊申續出國粹叢書廣告〉，《國粹學報》，第四十一期（光緒三十四年四月二十日），廣告。

〔註77〕 〈國粹學報略例〉，《國粹學報》，第一期（光緒三十年一月），頁2下。

體粗淺之惡習，並欲疏通證明中國學術流派，以精審體例做爲海內中學教科書之用，及以西學新理精識闡發中學。〔註78〕

　　《國粹學報》以興國學爲己任，就其內容而言，最初三年，每期分社說、史篇、政篇、學篇、文篇、叢談和撰錄等七門刊載。〔註79〕內容除推崇古學外，間載宣揚民族主義，排滿性文章亦時而流露其間。自第二十六期開始，增設博物篇和美術篇，介紹自然生物和傳統之書法、美術、雕刻。清光緒三十四年（1908）又另闢地理篇，介紹全國地理風土民情。宣統二年（1910）以後，改變編輯體例，將格式分成通論、經、史、子、集等各篇，內容則較偏重於詞章考據或訓詁之類。從其發刊以後各期刊載內容觀察，的確做到其「欲保全吾國一線之學」〔註80〕之宗旨。

　　國學保存會自創辦至宣統三年（1911）因經費不足停刊《國粹學報》，共計七年多，雖然時間不長、然與會者皆屬傳統士紳，其秉持治學救國以私人之力，摒除黨派之見，從事於國學研究，雖被激進分子批評爲守舊、食古不化，但是其保學保國之用心誠屬可貴，其努力以西學方式研究國學、會通中西，爲中國傳統國學研究之轉型與多元化奠定基礎，且自其提倡後各地類似國學保存會之學會漸興，〔註81〕鄧實更別創神州國光社、國學扶輪社以彌補國學保存會活動之不足。

　　（二）神州國光社

　　神州國光社於清光緒三十四年二月（1908年3月）由鄧實所創立。〔註82〕其宗旨在闡揚中國傳統藝術之美，希望藉由「提倡美術，表揚國光；使國人臺知吾國所珍貴之藝術寶藏，而感發其精神意氣，以競勝寰區」。〔註83〕民國成立後，神州國光社仍繼續運作，至民國十六年曾改組，〔註84〕其後因人事

〔註78〕〈國粹學報發刊辭〉，《國粹學報》，第一期（光緒三十年一月），頁2。
〔註79〕潘博，〈國粹學報敍〉，《國粹學報》，第一期（光緒三十年一月），頁4下。
〔註80〕胡道靜，〈上海的定期刊物（上）〉，《上海市通志館期刊》，第一卷第一期（民國22年6月），頁195。
〔註81〕胡道靜，〈上海的定期刊物（中）〉，《上海市通志館期刊》，第一卷第二期（民國22年9月），頁530。
〔註82〕胡道靜，〈上海的定期刊物（中）〉，《上海市通志館期刊》，第一卷第二期（民國22年9月），頁544。
〔註83〕〈國學保存會報告第十八號〉，《國粹學報》，第三十八期，頁2。
〔註84〕胡懷琛，〈上海學藝概要〉，《上海市通志館期刊》，第一卷第二期（民國22年9月），頁530。

更迭，及經費不足等問題，會務逐漸萎縮，終至解散。

　　爲能有效宣揚中國藝術之美，神州國光社於清光緒三十四年二月（1908 年 3 月）創刊《神州國光集》，以銅版印行中國歷代著名金石書畫及題跋，每期約五十幅，期能系統化的介紹中國藝術發展。至民國元年二月（1912 年 3 月），《神州國光集》發行第二十一期時，改名爲《神州大觀》繼續刊行，〔註 85〕對於介紹傳播及保存中國傳統藝術深具影響。此外，神州國光社亦將其蒐集之藝術畫冊、畫片及古今中外書畫和有關文章蒐集編印成美術叢書出版，提供藝術收藏或學生學習使用，總計共出版二十集。〔註 86〕

　　珍貴之雕刻藝術品往往係屬達官貴人玩賞典藏物，或其獨享之珍品，平常百姓對藝術珍品無從了解亦無鑑賞之途，純屬藝術美學之《神州國光集》定期藝術刊物，在當時的中國微乎其微，因之此一刊物的出版，不僅爲廣大群眾提供對中國傳統藝術的認知之路，亦且喚起國人對藝術珍品之重視，設法保存各種古代文物，減少中國特有之藝術珍品流落他鄉異國之命運。

### （三）國學扶輪社

　　受國學保存會影響，浙江文人王文濡於宣統二年（1910）發起創立國學扶輪社。設立目的在蒐集古典書籍重新刊印，廣爲流傳。其刊行之書多偏向於舊詩文集，常有一些孤本出現，所用之書則多取自江南圖書館。然因會內業務及經費幾由王文濡一手包辦，舉凡選材、校訂等工作亦皆由王文濡自訂，每冊書籍之刊行甚爲耗時，因此勉強維持至民國二年（1913）即因經營不善宣告停辦，會內典藏書籍全部移送商務印書館，爲其後商務印書館整理發行古籍校注工作奠定根基。〔註 87〕

### 三、豫園書畫善會

　　書法、繪畫爲中國重要藝術精華，有系統保存及維護是發揚傳統中國文化關鍵所在。受到國學保存會之影響，及基於中國藝術保存之必要，宣統元年（1909）上海書畫界名人姚鴻、黃俊、汪琨等人認爲應爲中國傳統藝術盡

---

〔註 85〕 胡道靜，〈上海的定期刊物（中）〉，《上海市通志館期刊》，第一卷第二期（民國 22 年 9 月），頁 544。

〔註 86〕 胡懷琛，〈上海學藝概要〉，《上海市通志館期刊》，第一卷第二期（民國 22 年 9 月），頁 530。

〔註 87〕 胡懷琛，〈上海學藝概要〉，《上海市通志館期刊》，第一卷第二期（民國 22 年 9 月），頁 530。

一分心力，於是高邕、楊逸等人的贊助下，於上海舊縣城豫園內發起成立豫園書畫善會。〔註 88〕

傳統中國書畫界人士極少有組織共同研究與切磋，即有一時之雅集成畫社亦不長久，〔註 89〕因之，豫園書畫善會的成立，可說是上海畫畫界首次成立之有組織的團體。書畫善會開宗明義即言其成立宗旨「近來保存國粹之風漸起，設立此會即為保存傳續國粹精華——書畫而設」。

依豫園書畫善會組織章程規定：凡入會者每月應繳洋銀元半元；會內設有會長、幹事及總務等行政職務負責推動會務。至於活動方面，除了會員間以畫會友外，亦有似於今日之學術團體提供獎助學金協助貧困藝術創作者繼續從事創作。

在西方群學觀念的影響下，豫園書畫善會非常強調合作之重要，強調上海書畫界同人間之應互相扶助，希望經由羣力以推展保存國粹，發揚中國傳統書畫藝術。鼓勵會員之間於書寫作畫時，無論表、書、鐘鼎、小篆、八分、六朝行楷、狂草、畫、山水、花卉、鬚眉、仕士、飛禽走獸等各方面的書畫皆應合作，即若有獨作之件亦可由他人題詞；會員倘有賣畫，則應將其所得之半數繳交於會中；此外遇有善舉，則由會中撥款助之，〔註 90〕

豫園書畫善會初立時，入會者近百人，〔註 91〕其中不乏當時著名書畫家，不少有心人士亦重視此一組織，除了前述會務外，曾編印《海上墨林》等書畫專書，宣導中國傳統書畫；〔註 92〕會員們有時亦會透過書畫義賣活動，進行慈善工作，捐助救濟貧苦群眾，使其活動觸角更貼近於大眾，一改傳統文人獨善其身之形象，所以豫園書畫善會在合群力以救國的觀念影響下，並不是一單純從事於書畫研究的團體，〔註 93〕

## 四、上海書畫研究會

〔註 88〕胡懷琛，〈上海的學藝團體〉，《上海市通志館期刊》，第一卷第三期（民國 23 年 12 月）頁 853。
〔註 89〕同前註，頁 854；在此之前清代有有平遠山房，小蓬萊和萍花社等雅集談論書畫。
〔註 90〕胡懷琛，〈上海的學藝團體〉，《上海市通志館期刊》，第一卷第三期（民國 23 年 12 月），頁 855～856。
〔註 91〕同前註，頁 856。
〔註 92〕胡懷琛，〈上海的學藝團體〉，《上海市通志館期刊》，第一卷第三期（民國 23 年 12 月），頁 854。
〔註 93〕同前註，頁 853。

　　書畫研究會亦是為保存國粹而發起的研究會之一。中國書畫不乏珍品，其繪畫技巧、氣韻亦自成一格，但經長期天災人禍遺失者不少，甚至流落異國。因之，上海書畫家及收藏家汪若淵、李平書、哈少甫、倪墨耕、陸廉夫、何詩孫、蒲作英、狄楚卿等人於宣統二年（1910）發起上海書畫研究會，期集合同好，研究書畫技巧，承接蒐羅各種書畫以保存中國傳統書畫，並為之傳揚，以存遺緒。〔註94〕

　　書畫研究會成立之後組織活動雖無法全窺其貌，然從其組織章程觀之，已具近代西方學會組織規模。會內設有總董一人，協理二人，會務總董一人，庶務總董二人，司事一人，並推選書畫家、收藏家、鑑賞家二十人為會董；初期成立時會員有八十餘人，會員中有部分書畫商加入參與其間，〔註95〕顯示當時的書畫商人亦已認識到學會團體的群體功能。

　　原則上，書畫研究會每月月初定期召開會議，經費來源則由會董及會員捐助。主要活動為舉辦書畫研究，會員可將其書畫成果於每日下午二點至晚上十點在會內提出，會員們彼此互相切磋觀摩；學會亦可為會內及會外人士代售書畫，但須由學會代抽一成利潤。〔註96〕因此，學會不僅在切磋書畫技藝學理，且其活動類似今日之畫廊亦兼辦展覽及販賣書畫。

　　傳統中國對藝術並無專門組織以研究收集書畫，上海書畫研究會的成立，代表一部分書畫家瞭解透過有組織的會社團體運作，更可保護發揚中國國粹與文化，以及行銷作品。

### 五、麗則吟社

　　麗則吟社係由上海文人陳蝶仙於清光緒三十三年（1907）在上海創立，以研究唱和詩文為宗旨。陳蝶仙主張中國傳統詩文不可偏廢，遂邀集同好，期能結集群力，共同發揚中國文學。〔註97〕由於學會本身並無明確組織架構，成立後活動內容亦較偏屬傳統文人集會唱和，會員之間彼此亦無緊密聯繫，因此麗則吟社雖有提倡及發揚傳統中國國學之目標，然而實質上較不具近代西方學會之特徵。

---

〔註94〕胡懷琛，〈上海學藝概要〉，《上海市通志館期刊》，第一卷第三期（民國23年12月），頁857。

〔註95〕〈上海書畫研究會簡章〉，《申報》，宣統二年三月初一日，第二張第二版。

〔註96〕〈上海書畫研究會簡章〉，《申報》，宣統二年三月初一日，第二張第一版。

〔註97〕張玉法，《清季的立憲團體》，頁140。

## 六、南　社

相較於前述麗則吟社較偏向傳統文人集會，南社的創立及其活動則較一般學會更具政治傾向。文學作品經常為時代之反應，騷人墨客更常藉其詩詞文章反應其情操。晚清在內憂外患交煎之下，文人志士憂心國事而欲思救援無力之餘，不得不藉諸詩文以發抒其心跡，南社之成立正代表當時部分文人欲藉詩文唱和，以抒其排滿興漢之志。

南社之倡議設立緣於清光緒三十三年（1907）冬天，柳棄疾、高旭、陳去病、劉師培、何震、楊篤生、鄧實、黃節、朱少屏、沈道非和張聘齋等同好在上海酒樓飲酒時，因憂心國事，擔心列強侵吞日急，期能藉群學群策之力濟民救國，遂約為結社之舉。〔註99〕

惟是時未立即籌組成立，延至清宣統元年十月初一（1909 年 11 月 13 日），始由柳棄疾、高旭和陳去病等人於蘇州虎丘張東陽祠舉行第一次雅集時宣布正式成立，並於會中草擬通過組織規程《南社條例》十三條。〔註98〕柳棄疾在〈龐檗子遺集序〉中曾記載南社在第一次雅集中集會的情形，言：「時虜燄猶張，而吾輩咸抱亡國之痛，私欲借文字以抒蘊結。余既酒酣耳熱，悲從中來，則放聲大哭，自比于嗣宗皋羽。」〔註100〕可知當時集會結社正是柳棄疾等這批文人救國徑之一。其時大部分有識之士在深受傳統教育影響下，既以國學乃國魂所寄，復因國家飽受災難，在談論國家拊事感時之際，深感亡國之痛與危機，抱持滿腔熱血，欲借文字以抒發其鬱結。因此，南社成立之初的宗旨，誠如高旭在〈南社啟〉一文中所言，期以文字救國。

> 國魂乎；盍歸來乎！……然則國魂果何所寄？曰寄於國學，欲存國
> 魂，必自國學始，而中國國學之尤可貴者，斷推文學、蓋中國文學

---

〔註99〕柳棄疾，《南社紀略》（上海，人民出版社，1983 年，初版），頁 3，柳棄疾在
　　　此回憶言在 1907 年冬即有創組南社之議，並詩為憑，所謂：「慷慨蘇菲亞，
　　　艱難布魯東，佳人真絕世，餘子亦英雄，憂患平生事，文章感慨中，相逢拼
　　　一醉，莫放酒樽空。」
〔註98〕柳亞子，〈南社大事記〉，《越風半月刊》，第九期（民國 25 年 3 月 2 日），頁 1；
　　　胡懷琛，〈南社的始末〉，《越風半月刊》，第一期（民國 24 年 10 月 16 日），
　　　頁 2；根據記載，第一次參加集會的人有社員十七人及來賓二人，分別為：張
　　　采甄、張季龍、陳巢南、柳亞子、朱梁任、龐檗子、陳陶遺、沈道非，俞劍
　　　華、馮心俠、趙厚生、林立山、朱少屏、諸貞壯、胡栗長、黃濱虹、林秋葉、
　　　蔡哲夫、景秋陸等人，其中屬於同盟會會籍者有十四人，可見發起者之反清
　　　民族意識極為強烈。
〔註100〕柳棄疾，〈龐檗子遺集序〉，載於胡樸安編，《南社叢選》，文選，卷九，頁 5。

爲世界各國冠，泰西遠不逮也。而今……伊呂倭音，迷漫大陸；蟹
行文字，橫掃神州，此果黃民之福乎！……今者不揣鄙陋，與陳子
築南，柳子亞盧，有南社之結，欲一洗前代結社之積弊，以作海內
文字之導師，蓋幾幾乎不自量矣。（胡懷琛，〈上海的學藝團體〉，《上
海市通志館期刊》，二卷三期（民國二三年十二月），頁849～850）。

由此，亦可知南社最初的創立，其性質乃是一具有民族意識的文學團體。誠
如創始人柳棄疾所言：「南社的發起人是以民族革命爲背景的，但社員並不都
是革命黨人」，「所以說南社是有民族意識是可以的，俏若要專立一節（指革
命團體），似乎太過於誇張了」。〔註101〕

　　傳統中國文人集會言論往往較傾向於抒情浪漫之情緒發洩，或抒發個人
情感、或批評時政，極少進行系統性論述或批判，因此南社成立後組織亦非
極爲嚴密。初期，南社並無固定會所，亦無定期繳交會費之規定，會員入會
只需社友介紹，入社者僅須繳社金三元即可。會務運作上，平時由會員公推
編輯員三人，會計、書記各一人，庶務三人，任期一年，連選得連任；民國
成立後，組織略有變動，原設有之三名編輯員改爲主任一人，全權負責總理
會務。〔註102〕另外，每年春秋固定舉行二次雅集，並招攬會員，至宣統三年
（1911）社員約一百人左右。〔註103〕分散各地，所以組織是非常不健全的，
以此是其後社務不振因素之一。

　　清末南社活動主要爲雅集和出版《南社文集》。從成立至宣統三年，南社
共舉行五次雅集。除宣統元年（1909）舉辦一次，之後每年皆有兩次，集會
地點則在蘇州、杭州唐莊、上海張園或徐園（今已廢）等地，每次集會費用
皆由參與者自行出資；會議議程並無固定形式，與會者或彼此以詩文唱和，
或談話交換心得。〔註104〕此種雅集顯然類似於今日學術團體之年會性質，會
員可視其需求自由參加，因此每次參加的會員並不多，第一次十七人，第二
次十七人，第三次十九人，第四次三十四人，第五次三十五人。易言之，南
社雅集缺乏對會員有力的凝聚力。

---

〔註101〕蔣愼吾，〈我所知道的柳亞子先生〉，《越風半月刊》，第十四期（民國25年5
　　　　月30日），頁25，此乃柳亞子答蔣愼吾一信中所言。
〔註102〕胡懷琛，〈南社的始末〉，《越風半月刊》，第一期（民國24年10月16日），
　　　　頁3；〈南社第三次修改條例〉，載於柳棄疾，《南社紀略》，頁51～58。
〔註103〕胡懷琛，〈南社的始末〉，《越風半月刊》，第一期（民國24年10月16日），頁4。
〔註104〕柳棄疾，〈南社大事記〉，《越風半月刊》，第九期，頁1。

此外，在辛亥革命前，南社中有部分會員思想行為較激進，係深具革命熱血青年，不只為文發抒其救國情感，甚或參加革命的行例，因之字裏行間中除提倡民族精神、獎勵氣節，亦深深表露其反滿之情緒。

至於會刊《南社文集》則是由創會元老柳棄疾、高旭等人負責編輯。至宣統三年間計出版四集，每集皆分為文選、詩選和詞選三部分。刊載內容以南社會員撰寫之詩詞文章為主，其中詩所占篇幅較廣，並以發抒個人情懷比例較高；文章則以能夠激發愛國情操者為主，每集皆刊載節烈志士傳記或論國興事之類文章，惟文辭則以古文為主，〔註105〕著名和尚詩人蘇曼殊之詩文幾乎每集皆有刊載。蘇曼殊本人並非同盟會會員，但頗同情革命，其詩亦經常透露著民族意識，部分學者認為蘇曼殊是最能代表南社浪漫氣氛之詩人。〔註106〕

民國成立（1912年）以後，南社仍然每年固定有二次雅集和出版《南社文集》。然因民國以後發揚民族氣節或憂傷國事拊感時局已成過去，會員們大多投入各行各業從事生產，與成立初期旨趣目標漸遠，且部分會員固守傳統中國古學，堅決反對五四以後之新文學運動，與當時之社會潮流相違，《南社文集》發行至第二十二集宣告停止印行。〔註107〕

文學作品是時代之反應，南社之成立，反應當時部分人士期以倡興傳統中國文學影響風氣，達改革社會國家政治之目標，同時亦因應著社會發展脈絡的改變而停辦。清末許多學會的興設與停辦正是潮流思想指標之反應，當時代潮流改變，失去時代意義時，便是學會消失之時。

### 七、國學研究會

和前述之國學保存會類似，國學研究會為當時上海文人發起創設。惟因其成立於何時為何人所創，因乏資料記錄，難以詳述。僅知該學會曾於宣統三年（1911）創立《國學叢刊》，因此最慢在宣統三年（1911）以前成立。〔註108〕至於宗旨及活動亦因乏資料可供佐證，無法論述，惟顧名思義應是如國學保存會類似，以發揚國粹、提倡國學為要。

### 八、春陽社、競義社與進行團

---

〔註105〕柳棄疾，《南社紀略》，頁16～17、19～20、25、31。
〔註106〕曹聚仁，〈南社、新南社〉，載於柳棄疾，《南社紀略》，頁252。
〔註107〕柳棄疾，〈南社大事記〉，《越風半月刊》，第九期（民國25年3月2日），頁1～2。
〔註108〕張玉法，《清季的立憲團體》，頁134。

受到西方重視戲曲文化之影響，清末開始出現戲研究團體。中國傳統觀念，戲劇不登大雅之堂，乃雜陳小調，故向來輕忽戲劇甚或鄙視之，因此不只缺乏研究戲劇之學術性團體，西洋戲劇研究更是絕無僅有，因此清末有關戲劇研究學會之成立，實屬中國藝文革新創舉。春陽社、競義社和進行團三個學會即是在近代西方思潮影響下，以研究戲劇為研究對象成立的。

隨著西方社會思潮在中國的廣泛流傳，西方戲劇文化亦漸傳入中國。早在清光緒三十一、二年間（1905～1906），曾有一批留日學生，李叔同、曾存吳、謝抗白、李濤痕等在日本成立春柳社，以研究西方戲劇為宗旨，希望能將西方歌劇引入中國，並曾集會演出「茶花女」歌劇，一時為人所贊道。〔註 109〕受此影響，遂有春陽社的成立。春陽社是係由上海聞人黃鍾聲、任天和於清光緒三十三年（1907）在上海成立。〔註 110〕然因缺乏史料記載，其詳細組織及活動則無從得知。

競義社和進行團兩個學會，大約是在宣統初年間於上海成立。競義社雖以學會名義成立，但是性質較偏屬戲劇團體，〔註 111〕其實際活動組織則因缺乏資料，無法詳述。進行團成立宗旨則是希望透過話劇表演，傳達會員們改良傳統社會不良風俗習慣之理念，〔註 112〕改變散漫社會風俗，屬性較偏向於話劇團體，但實際活動內容如何則有待進一步了解。

中國戲劇從元代雜劇到明清傳奇，從明嘉靖興起的崑腔到清末代崑腔而起的皮黃（平劇），以及各種地方戲劇，多屬歌劇類，而不帶歌唱戲劇之西方話劇形態表演，在中國誠屬創舉，〔註 113〕春陽社，進行團等以提倡話劇達改良社會風俗之目標，顯示社會進步，戲劇改良新時代之意義。

## 九、上海學商公會

上海學商公會是由顧翁周、袁頌豐、鄧鴻和顧旭侯、單貽孫等於清光緒

---

〔註109〕胡懷琛，〈上海的學藝團體〉，《上海市通志館期刊》，第二卷第三期（民國23 年 12 月），頁 843～844；包天笑，《釧影樓回憶錄》，頁 400，此言及李叔同曾扮演茶花女一角粉墨登場，並為時人所樂道；趙聰編著，《中國文學史綱》，頁 158。

〔註110〕張玉法，《清季的立憲團體》，頁 140；胡懷琛，〈上海的學藝團體〉，《上海市通志館期刊》，第二卷第三期（民國 23 年 12 月），頁 844。

〔註111〕張玉法，《清季的立憲團體》，頁 141。

〔註112〕同前註，頁 143。

〔註113〕趙聰，《中國文學史綱》（香港九龍：友聯出版社，1963 年），頁 159。

三十四年（1908）集合上海文人和商業人士共同組成。成立宗旨以聯絡感情、交換智識、共同研究各種學理、力圖改良社會，促進文化為目的。

由於會員不少是經營有成之商人，上海學商公會活動經費來源較為充裕，自成立後曾經集資興辦商業補習夜校，培育商業人才；亦曾舉辦各類演講，宣講人倫道德，期能改良社會風俗；亦曾舉辦施醫給藥等各種醫療救濟活動。雖然其具體活動因乏資料可供詳述，惟根據資料顯示，該會至民國十二年（1923）時仍然存續。〔註114〕

### 十、譯書交通公會

知識之傳遞除自主性需求外，宣傳與理解亦極其重要，所謂以文會友，以友輔仁。清末西學新知之傳譯已漸增加，但如何更廣泛及有系統的譯介，則需有心人士盡更大之心力，為廣為流傳譯書，於是周樹奎、吳沃堯、汪慶祺等人於清光緒三十二年（1906）成立譯書交通公會。〔註115〕

譯書交通公會成立宗旨即在於會員們廣譯西書，彼此交換新知，廣通聲氣，維持社會公益。〔註116〕主要活動著重於交換會友所譯之書，彼此傳閱，以增廣見聞或廣為推銷已譯之書以饗大眾；相關活動亦包括代替會友訂購外洋書報等。〔註117〕

廣譯西書以開啓民智而求中國之富強，是延續戊戌時期提倡西學運動之發展，然此一時期社會運動發展已不僅止於此，群眾要求的是更進一步的制度改革。因此這一段時期以興西學譯西書的團體已較少，即或有譯書亦別立印書館及書局專門譯印書籍，成為獨立之事業體制，此亦代表中國近代出版業之發展。

### 十一、世界語學會、世界語學社

隨著東西方往來密切，世界交流成為必然趨勢，外語的學習成為中國與國際各國往來的重要溝通橋樑，特別是已成為國際商港的上海，與東西方各國接觸頻繁，外語需求更為迫切，遂有世界語學會與世界語學社等學會的成立。

世界語學會為陸式楷、胡愈之和咸國成等人於清光緒三十四年（1908）

〔註114〕吳馨等編纂，《上海縣志》（民國24年刊本），卷七，頁8～9。
〔註115〕王爾敏，〈清季學會彙表〉，《晚清政治思想史論》，頁143。
〔註116〕王爾敏，〈清季學會彙表〉，《晚清政治思想史論》，頁143。
〔註117〕張玉法，《清季的立憲團體》，頁133。

在上海成立，主要活動爲興辦學校、圖書館等，曾先後興辦世界語函授學校、綠光雜誌、世界語書店和圖書館等，期能藉由學校、期刊、書店等媒介，譯介及傳播東西方各國語言，使中國人民能藉由語言的學習，進一步了解及認識各國文化，並與之溝通，增強中國國際知識。根據資料顯示，由於學會經費充足，會員能夠持續參與支持，此一學會存續至民國二十六年（1937）抗戰時期。〔註118〕

世界語學社則於清宣統元年（1909）由戈麗生、張繼善等人在上海發起創立，入會者每月須繳會費三角。〔註119〕由於與西方各國往來，學習及使用該國語文，直接與之溝通有其必要性，因此戈麗生、張繼善等人特成立此社，教授石門華氏所創之「世界語」。〔註120〕會員主要目的在語文學習，主要活動即爲補習學校之設立，會員定期於夜間學習「世界語」課程，故其性質則類似於學校。〔註121〕

### 十二、醫學會、中華醫學會、中國醫學公會

醫學會、中華醫學會、中國醫學公會等幾個學會的創立都與發揚醫學有關。中國醫學公會創立時間不詳，實際活動內容亦未知，惟知其曾於清宣統元年（1909）創立《醫學公報》。〔註122〕中華醫學會則於宣統三年（1911）由伍連德創立，以研究醫學爲宗旨。〔註123〕

醫學會係由李鍾鈺（平書）與陳蓮舫等人於清光緒三十年（1904）發起創設，以研究傳統中國醫學爲宗旨，爲上海最早的中醫學會。〔註124〕其研究的重點爲偏重於中學醫理方面，期能經由中醫學理的系統研究，發揚中醫精髓，使之能與西醫並立。

傳統中醫常以獨門秘方不宜外傳爲由，不願廣爲流傳；亦未思及應立學會、合群力以推展醫學，自戊戌前期醫學善會成立以後，倡導成立醫學會者

---

〔註118〕 胡懷琛，〈上海的學藝團體〉，《上海市通志館期刊》，第二卷第三期（民國23年12月），頁848。
〔註119〕 同前註，頁852。
〔註120〕 石門華氏所創之「世界語」似乎是一種英語教學法，實質內容爲何則不知，然既能與各國溝通，應爲簡易方便之語言學習法。
〔註121〕 同前註，頁853。
〔註122〕 張玉法，《清季的立憲團體》，頁134。
〔註123〕 同前註。
〔註124〕 胡懷琛，〈上海的學藝團體〉，《上海市通志館期刊》，第二卷第三期（民國23年12月），頁842。

不乏其人；庚子以後上海地區陸續創設多個醫學會，可見有識之士已意識到醫學會之成立，有助於國家醫學衛生的發展，對國民生活健康更有所助益，而醫學會的發展，亦顯示新式專業化取向之近代學會已在中國逐漸發展。

### 十三、社會主義研究會

社會主義研究會於宣統三年閏六月十五日（1911 年 8 月 9 日）係由江亢虎等人在上海發起成立，以結合同好，並同研究西方社會主義為宗旨。為將研究心得公諸於世及向國人介紹社會主義內容，並創刊《社會星雜誌》，做為主要宣傳媒介。〔註125〕

社會主義研究會是在中國境內最早公開成立，主張及宣揚社會主義之學術性團體，與後來之共產主義團體不同。江亢虎曾於北京同文書院學日語，清光緒二十七年（1901）曾至日本考察政治，回國後聘為北洋編譯局總辦，兼任北洋官報總編。經過他的研究發現，認為在西方的各種學術思想中，社會主義主張其時適較適合國家需要，但是由於國人對社會主義之認識與了解並不多，因此希望能結合同好，並同宣揚社會主義。但由於其時能夠自外界取得的資料不多，社會主義研究會成立後，大部分宣傳之文章為從日本翻譯自歐洲之各種社會主義方面之知識。

由於江亢虎個人之政治傾向較強烈，因此從社會主義研究會立後至辛亥革命爆發雖僅數月，但是在是年 11 月，他立即以社會主義研究會發起人名義召集特別會議，提議將研究會改組成為政黨，於是成立中國社會黨。這個黨不僅是中國第一個社會黨，也是中國第一個以「黨」命名的政治團體，亦顯示至清末諸多所謂的學術性「學會」深具政治性特色。

### 十四、競業學會、文學會、中華學會、惜陰會

競業學會於清光緒三十二年（1906）在上海成立。由鍾文恢（號古愚）等人創設，並由鍾文恢擔任首任會長，以「對於社會，競與改良；對於個人，爭自濯磨」為創立宗旨，希望能開啟民眾參與國家社會改革風氣，會員多為接受過新式教育知識分子，胡適即曾加入此會，不少革命黨人亦曾是此一學會會員。〔註126〕成立後曾發行會報——《競業旬報》，初以傅君劍（號鈍根）

〔註125〕上海社會科學院歷史研究所編，《辛亥革命在上海史料選輯》，頁 1222。
〔註126〕王爾敏，〈清季學會彙表〉，《晚清政治思想史論》，頁 149、163；胡頌平，《胡適之先生年譜長編初稿》（臺北：聯經事業出版有限公司，民國 73 年，初版），頁 68。

為編輯，期透過此一旬報刊載具「振興教育、提倡民氣、改良社會，主張自治」之文章。第一期《競業旬報》於清光緒三十二年九月十一日（1906 年 10月 28 日）出版，以白話文為主並提倡國語。創刊當年出刊至第十期即因故停止，至清光緒三十三年（1908）年底復刊發行第十一期，第二十期開始由胡適編輯並為文發表相關文章，至宣統元年停刊，〔註 127〕會務亦因會員改革或革命主張不同逐漸停擺。

文學會成立於宣統年間，以集結群體力量「開通下等社會，激發愛國心」為宗旨，〔註 128〕詳細會務因乏資料無法具體得知。

中華學會於清光緒年間成立，曾於清光緒三十四年（1908）發行《蒙學畫報》，以推廣近代幼兒繪本為主，因資料缺乏，無法進一步了解其會運作情形。

惜陰會僅知其曾發行《社會雜誌》，〔註 129〕餘則不詳。

清光緒二十六年（1900）以後至清宣統三年間，上海地區學術藝文方面的學會發展不僅為數眾多且其活動多采多姿，顯示上海地區對興設學術藝文性之學會，藉以開啟民智富國強種者不乏其人，且亦因其得地利之便，與西方交流頻繁，得以開風氣之先。

## 參、風俗改良與農工商方面學會

隨著東西方交通往來，部分傳統風俗習慣已不符合時代潮流，需予以改良；而世界各國經濟貿易日漸頻繁，為推動近代新式農工商業，吸取國外農工商業發展經驗，清政府於光緒三十二年（1906）成立農工商部，並命令各省應分別設立農會、工會、商會。據此，上海陸續設立農會、商會及商務分會等，但因其屬性為農業及商務行政機構，故在此不予敘述；又此時各行業之聯誼性社團或同業公會，如出品協會、藥業公會等亦不在本文敘述範圍，在此僅述較偏向學術方面之相關學會。

### 一、中國天足會

中國天足會的成立，乃延續戊戌以來戒纏足會之遺緒而設，主張纏足之不良習慣早已為人所詬病，應積極革除此一風氣，實施天足。清光緒三十三

---

〔註 127〕胡頌平，《胡適之先生年譜長編初稿》，頁 68、78、89。
〔註 128〕張玉法，《清季的立憲團體》，頁 140。
〔註 129〕張玉法，《清季的立憲團體》，頁 98、134。

年（1907）曾創《天足會報》，期藉由報刊宣傳纏足之罪惡，改變民眾傳統纏足為美觀念，〔註130〕鼓勵女子去除纏足惡習，解放天足，不再因纏足而戕害身心，從而養成強健身體，孕育身心健全下一代。

### 二、中國工程學會

自17世紀歐洲工業革命後，近代新式工程技術突飛猛進，但是在20世紀初的中國仍處於落後階段，如何發展中國工業引進近代新式工程技術實為中國邁向工業強國之實務，於是藉由學會引進及研究近代西方新式工程技術屬必要，中國工程學會之設立即緣由於此。

中國工程學會由何人所創及成立時間皆不詳，惟因其曾於清光緒三十四年（1908）出版《中國工程學會年報》，〔註131〕故其成立時間至遲應不晚於光緒三十四年，惟其實際活動情形則因缺乏資料，無法詳述。

### 三、崇實商學會、商學公會、商業研究會、全國商團聯合會

自19世紀上海開港後，商業發展在上海已是繁華興盛，因此各種聯誼性商業社團或同業公會為數不少，惟清末屬研究性商業學會則成立不多，目前所知僅崇實商學會、商學公會、商業研究會等幾個。

崇實商學會於清光緒三十二年（1906）成立，惟對於其實際活動及組織章程則無法詳知。〔註132〕全國商團聯合會成立於宣統三年（1911），由沈懋昭發起，以商人並非重利輕國，期能基於「人自為兵、保國衛民」之理念，組織義勇隊，以行動表達其關心國家，欲救國家於存亡之心，惟未能成軍。〔註133〕至於商學公會、商業研究會則僅知其名，餘皆無所悉。〔註134〕或許係因政府已鼓勵各地設立商會及商務分會之故，因之研究性商業學會之設立成效不彰，規模組織較小，活動亦少。

### 四、鐵路研究會、鐵路聯合會

對20世紀初的中國而言，興建鐵路可以改善地大物博交通不便問題，但是如何建立正確鐵路知識觀念，興建完善全國性鐵路網，則有待進一步規劃與研究，因而有鐵路研究相關之學會的出現。惟因其時國人對鐵路的認知有

---

〔註130〕張玉法，《清季的立憲團體》，頁143。
〔註131〕張玉法，《清季的立憲團體》，頁134。
〔註132〕張玉法，《清季的立憲團體》，頁133～134。
〔註133〕張玉法，《清季的立憲團體》，頁134。
〔註134〕同前註。

限，主動參與者不多，因此僅知清末在上海曾先後成立鐵路研究會及鐵路聯合會。其中鐵路研究會成立於清光緒三十一年（1905），〔註135〕鐵路聯合會則以聯絡情誼，研究學術爲宗旨，〔註136〕惟其活動及運作則因缺乏相關資料記載，未能詳述。

農工商學會之設立，顯示其時中國知識分子已從戊戌前成立學會合群力以救國之思維逐漸轉趨於各學術領域專業化研究之方向。在現代化的社會中專業化的學會爲推動社會發展的動力之一，因此專業化學會的出現顯示中國學術研究之發展與進步。

## 肆、外交及爭取利權方面學會

甲午慘敗後中國面臨嚴重存亡危機，鴉片戰爭、英法聯軍失利，對中國而言只是打敗仗，但是在甲午戰爭後則無論曾否與中國發生戰爭的英、美、日、俄、德等國，紛紛在中國劃勢力範圍，或預備瓜分中國。

### 一、四民公會、對俄同志會、對俄女同志會

列強試圖瓜分中國過程中，俄國對中國的需索直接且最多，尤其是對東北地區的指染。清光緒二十六年（1900）義和團事變，導致八國聯軍，俄國乘此機會出兵東北，在二個多月的時間內佔領整個東北，俄軍所到之處焚殺搶劫姦淫，並脅迫盛京將軍增祺（其時已失去自由，無異俘虜）所派之已革道員周冕在旅順簽定了一個所謂的「奉天交地暫且條約」，言明將中國東北交由俄人監管。〔註137〕消息傳出，中外震驚，清政府立即宣示不予承認；然而俄國仍猶未放棄其野心，甚至逼迫議和之李鴻章和駐俄公使，後因英、日、德、美等國抗議以及李鴻章逝世，俄國失去威脅對象，始於清光緒二十八年三月初一（1902年4月8日）在北京簽定《東三省交收條約》，俄國同意在十八個月內分三期撤兵。〔註138〕然而此僅爲俄國緩兵之計，並無退兵之誠意，第一期撤兵在清光緒二十八年九月（1902年10月）完成，但至第二期撤兵時，俄國不但拒不撤兵，

---

〔註135〕王爾敏，〈清季學會彙表（下）〉，《大陸雜誌》，第二四卷第三期（民國51年2月15日），頁84。

〔註136〕張玉法，《清季的立憲團體》，頁134。

〔註137〕郭廷以，《俄帝侵略中國簡史》（近代中國史料叢刊第九十九輯，臺北：文海出版社），頁26～28；民耿譯、羅曼諾夫（Pomahob）著，《帝俄侵略滿洲史》（臺北：臺灣學生書局，民國62年，初版），頁285～286。

〔註138〕郭廷以，《俄帝侵略中國簡史》，頁30～31；。

反而提出七項要求，試圖封閉東北及蒙古，以及排斥各國在華北的勢力。〔註139〕
俄國之要求引起中國之憤怒，因而引發中國各界組織拒俄學會風潮。

### （一）四民公會

　　當俄國拒絕歸還東三省時，清光緒二十九年四月一日（1903 年 4 月 28
日），汪康年即在上海張園召開拒俄大會，呼籲全國民眾應群起團結全作共同
抵抗俄國的侵略。〔註140〕汪康年係溫和及改革的立憲派者，較傾向主張採取
和平外交，但是面對俄國無理侵略與要求，已有是可忍孰不可忍之國家存亡
之痛，更無論激進分子之強烈訴求，因之有四民公會之議設。

　　四民公會由馮鏡如、龍澤厚和易季服等人於清光緒二十九年四月四日
（1903 年 4 月 30 日）成立，以「合士農工商界共同抗俄」為宗旨，開會當天
簽名入會者達千餘人，〔註141〕當時的愛國學社、育才和務本等學校學生參與
極眾。會場上除有慷慨激昂拒俄演說，並討論編組義勇軍以抵抗俄國侵略，
時上海《字林西報》謂：「中國立國以來兩千年，其人民有愛國心者，自是會
始」。〔註142〕《新民叢報》更稱此四民公會，或將是為改革中國之根據地。〔註
143〕其愛國熱潮及思救國之心表露無遺。

　　四民公會在第一次開會之後旋改名為國民公會，會務由龍澤厚負責，由於
龍澤厚為康有為之徒，屬立憲派，其較溫和之拒俄主張，讓以革命派為主之中
國教育會和愛國學社等會員感到不滿，〔註144〕再加上龍澤厚所草擬之《國民公
會章程》擬稿乃抄自日本東京學生《國民會章程》，不僅較傾向革命黨的《蘇報》
詆毀之，一般士紳亦感不滿。〔註145〕至五月間，龍澤厚再將國民公會改為國民
議政會，以保皇歸政為宗旨，更引起當時已成為革命派言論機關《蘇報》之評
擊，以保皇歸政之說無異為滿清之走狗，〔註146〕同時國民議政會亦失去其為抵
抗俄國侵略之宗旨，因之隨著會員逐漸流失遂無形中解散。

---

〔註139〕同前註，頁 32；中華民國開國五十年文獻編輯委員會編，《中華民國開國五
　　　　十年文獻》，第 1 編第 6 冊（臺北：中華民國開國五十年文獻編輯委員會，民
　　　　國 51 年），頁 469～470。
〔註140〕《蘇報》，光緒二十九年四月十日（1903 年 5 月 6 日），頁 2。
〔註141〕《蘇報》，光緒二十九年四月十日（1903 年 5 月 6 日），頁 1。
〔註142〕《蘇報》，光緒二十九年四月十二日（1903 年 5 月 8 日），頁 2。
〔註143〕〈四民公會〉，《新民叢報》，第三十二號，光緒二十九年，頁 63。
〔註144〕《蘇報》，光緒二十九年四月七日（1903 年 5 月 3 日），頁 1。
〔註145〕〈敬告國民公會發起諸君〉，《蘇報案紀事》，頁 159～160。
〔註146〕〈敬告國民議政會諸君〉，《蘇報案紀事》，頁 154～158。

### （二）對俄同志會、對俄女同志會

除了前述之四民公會外，清光緒二十九年（1903）蔡元培、劉光漢、陳競全、王季同、陳去病和林獬等人亦發起成立對俄同志會，〔註147〕以研究對付俄國侵佔中國東北之方策爲宗旨。〔註148〕其後隨著拒俄情勢的改變，改名爲爭存會，以「養成國民資格、抵制外界壓力」爲宗旨。〔註149〕然而，由於參與入會者不多，且部分成員亦是教育會會員，因此隨著拒俄活動聲浪的終止，在劉光漢提議下併入國民教育會。〔註150〕

對俄女同志會則爲鄭素伊、陳婉衍於清光緒二十九年（1903）創立，〔註151〕同爲拒俄而設，其詳細活動未詳。

然此種因單一事件組設之團體，常因事件結束，宗旨目標失去意義之後，面臨解散之命運。因俄國拒還東三省而引起的拒俄活動，以主張革命的知識青年爲主，雖血氣方剛，但是隨著熱情的消褪，其視野、活動方向亦轉移；再加上清末爲救國主張溫和改革立憲派與革命派鬥爭等種種因素影響，導致會務無法順利運作，無論是四民公會或是對俄同志會、對俄女同志皆係受到前述種種因素影響下面臨解命運。

自強學會倡始，知識士紳漸知結社集會合群力救國家之可貴，由初期集會倡議改革社會，進而了解合群力以拒外力量之不可忽視，而民族意識的觀念也逐漸在民眾心中生根。拒俄事件的發生，無疑是民族意識高漲之顯現，其後更多拒外行動及爲拒外而組之學會創設正是此一力量之展現。

### 二、拒《中美工約》學會之創設

清末隨著社經濟的變動及產業結構的改變，造成沿海地區中國勞動人力外移，歐美地區特別是勞力密集農礦業產區，移入不少華工。由於華人工資便宜，能「吃苦耐勞、平靜無事、和平處人、而且愛好清潔」，「真如一個聽用（gop-filler），〔註152〕中國人在美國相當受到歡迎且樂意僱用。然而隨著華

〔註147〕馮自由，《革命逸史》，第二集，頁84。

〔註148〕《俄事警聞》，1903年12月15日。

〔註149〕《警鐘日報》，1904年4月8日。

〔註150〕陶英惠，《蔡元培年譜》，頁150。

〔註151〕張建國，《辛亥前上海地區革命運動之研究》，國立政治大學三民主義研究所碩士論文（臺北：民國66年），頁186。

〔註152〕李定一，《中美早期外交史》（臺北，傳記文學出版社，民國67年，初版），頁491。

工大量湧入，辛勤努力工作賺取薪資之際，美國本國工人卻因害怕失去太多
工作機會，逐漸引發排華運動。

從咸豐五年至清光緒二年（1855～1876）二十年間，在美國掀起一連串
的排華運動過程中，在美華人慘遭殺害案件至少有二六二件，〔註153〕特別是
清光緒八年（1882）排華法案經美國國會通過後，美西地區排華運動漸趨激
烈，以清光緒十一年（1885）加州岩泉慘案為例，案件發生後經統計華工死
傷至少四十多人，財產損失達十多萬美元。〔註154〕

其時，由於滿清政府迫於內憂外患，無遑顧及海外僑民，亦無力保護在
美華工，因之在美國限制入美華工壓力下，於清光緒二十年（1894）與美國
政府簽定《限禁華工保護華民條約》（即所謂的《中美工約》），同意美國限禁
華工入美十年。〔註155〕然而由於中國國內人口增加壓力及海外工作移民風氣
日盛，清政府在對美照會後，公開指出《中美工約》至清光緒三十年（1904）
到期後，美國應即行廢止限禁華工入美措施；但是美國政府在國內反亞洲移
民聲浪高漲情緒持續高漲情況下，不理清政府照會，宣稱《限禁華工保護華
民條約》永久有效。華工及一般華人在美國仍受到不平等待遇，連不屬於工
人階級的華人入美亦受種種限制，甚至中國派赴美國參加博覽會之官員亦受
刁難，更引起中國中上階層人士之不滿，奔走呼號要求廢止《中美工約》及
保護華人。〔註156〕於是在中國民族意識及排外情緒高漲及在政治經濟、社會
各因素交錯影響下，終於導致清光緒三十一年（1905）的中國國內《中美工
約》風潮的爆發，並激發中國民族主義進一步的發展。

清光緒三十年四月（1904 年 5 月、6 月間）上海總商會商董會議，認為
除了政府之間的溝通交涉外，中國人民亦有權力表達其對美國片面排華之不
滿，希望能阻止清政府與美國續訂禁工新約，並要求美國政府在兩個月內改
善其排華法案，否則實行抵制。〔註157〕

在其宣導下及中國民族意識激盪下，全國各地掀起抵制美貨運動。上海
地區人士除了進行抵制美貨運動外，更組織會社、宣傳及發起抵制美國排華

〔註153〕張存武，《光緒三十一年中美工約風潮》，頁 5。
〔註154〕李定一，《中美早期外交史》，頁 541。
〔註155〕商務印書館編印，《中外條約彙編》（上海，商務印書館，民國 24 年，初版），
　　　　頁 133。
〔註156〕張存武，《光緒三十一年中美工約風潮》，頁 8～9。
〔註157〕張存武，《光緒三十一年中美工約風潮》，頁 43。

各項運動。其中組織反對《中美工約》較重要的學會有人鏡學社，公忠演說會（在南京、漢口亦有組織）、文明拒約社、義憤社、工人和平社等。

　　人鏡學社成立於清光緒三十一年（1905），由於反對續簽《中美工約》宗旨明確，其活動主為開會、演說，並研提抵制美國具體主張，一時間成為頗具號召力之團體。〔註158〕曾於清光緒三十一年三月（1905 年 4 月、5 月間）開會，講敘中美訂立禁約之歷史，述說美人虐待華工慘狀，主張中國抵制美國排華運動可從貿易方面著手，在國內可以停止銷售美貨，或取消未定或退辦已定之美貨訂單，要求在中國之美國雇主提高雇工工資，希望全國民眾一致團結抵制美貨，絕不對美妥協堅持到底。〔註159〕

　　在抵制《中美工約》活動期間，人鏡學社並創辦宣傳報刊《保工報》，期能透過報刊傳播宣揚拒美工約觀念及勞工保護意識。此一刊物由原《小說世界報》記者韻琴主編，於清光緒三十一年六月（1905 年 7 月）發刊，內容刊載反《中美工約》主張，充滿民族意識，然因被清政府認為言論過於激烈，恐引起禍端，出刊不到十天即遭清政府取締禁止。〔註160〕

　　公忠演說會成立於清光緒三十一年（1905），雖以學會名義創立，但是主要活動為召開會議及進行反美工約演講。由公忠演說會成員或邀請上海聞人發表演說表達支持政府拒絕續簽《中美工約》立場，鼓動民眾堅持不用美貨。甚至當上海抵制《中美工約》運動因政府強烈取締發生分歧及衰退時仍堅持己見，認為即使民眾繼續抵制美貨仍不違諭旨；並在上海附近的南滙、浙江的樂東、新市等地成立支會。〔註161〕

　　文明拒約社成立於清光緒三十一年（1905），社長為馮仰山，以反對清政府與美國續簽《中美工約》為宗旨。由於會員與公忠演說會部分重疊，具強烈民族意識，故常與公忠演說會共同合作發起各項拒美工約活動，發表演說共同呼籲抵制中美約。〔註162〕

　　義憤社和工人和平社皆於清光緒三十一年九月（1905 年 9 月、10 月間）上海抵制運動衰息時成立。〔註163〕雖以學會名義組成，但是重要幹部及參與

〔註158〕同前註，頁 45。
〔註159〕張存武，《光緒三十一年中美工約風潮》，頁 45～46。
〔註160〕同前註，頁 103。
〔註161〕李定一，《中美早期外交史》，頁 151、155、211。
〔註162〕張存武，《光緒三十一年中美工約風潮》，頁 5。
〔註163〕同前註，頁 211。

人員皆為上海地區之廚師及工廠工人，並非是當時的知識分子。義憤社主要成員是其時上海著名的廚師團體「西廚幫」成員組成，工人和平社主要成員則以上海地界的工人為主。〔註164〕廚師及工人能夠自主性的組織學會，參與爭取工人工作權益活動，除了顯示中下階層人士對組織學會合群力以救國已有認識外，更彰顯其強烈民族意識。其力量與上海商董們相較或許甚微，但是這些學會的組成，正代表著中下階層的工人亦漸具群體意識，知曉利用群眾運動力量，共同爭取其權益，並輔以學界人士的支持，使此一反美工約風潮成為全民的排外運動。

### 三、保路、保礦方面學會

清光緒三十一年（1905），中國的民族意識抬頭，從《中美工約》風潮先後成立的學會組織及其活動觀察，顯示中國人民已漸凝聚國家民族觀念，認識到國家的富強端在於政府及全民之群策群力，當政府無力扶助人民時，人民必須自立自強，起而爭取國家主權的完整與獨立、民族地位的平等與尊嚴。《中美工約》風潮開啟中國中下階層工人加入學會組織，欲合群力以維護自身權益及拯救國家，而保路、保礦學會組織的成立及其活運，則是此一觀念之延伸。

自清光緒二十二年（1896）中俄密約以後，東西方列強紛紛在中國劃分勢力範圍，不僅國家形同瓜分，即如鐵路、礦產權益亦幾盡入外國手中。繼清光緒二十一年（1895）法國在廣東、雲南、廣西取得採礦優先權及越南至中國境內建築鐵路與架設電線權之後，清光緒二十四年（1898）俄國取得南滿鐵路路權。德國要求清政同意山東全省路權不得讓與他國。英國則取得承築津鎮、廣九、長江流域鐵路採礦權益，其至浦信（浦口至信陽）沿途路路礦權亦為其勢力範圍，他國不得干涉。日本則將福建納入其勢力範圍，將福建省路礦權益視為其有。其它義大利、美國等國亦強烈主張其在中國勢力範圍內之鐵路礦產權益，並要求與中國簽定條約承認其在中國之路礦特權。〔註165〕

中國自清光緒二十六年（1900）義和團事變、八國聯軍，簽訂《庚子和

〔註164〕張存武，《光緒三十一年中美工約風潮》，頁211。

〔註165〕宓汝成，《近代中國鐵路史資料》，近代中國史料叢刊續編第四十輯（臺北：文海出版社）。本書詳載列強在中國掠奪鐵路、礦權之經過。如：1898年5月，俄國華俄道勝銀行與山西商務局訂立自直隸正定（石家莊）至山西太原之鐵路合同，要求其在山西省之鐵路經營權；同日，英國福公司（Peking Syndica-te）亦與山西商務局訂山西採礦敷設鐵路合同；一個月後又與河南豫豐公司訂立河南採礦章程等，而滿清政府卻束手無策。

約》後，國家幾乎面臨亡國滅種，再不自救為以存續危機，無論是士紳階層或是販夫走卒，愛國意識高漲，國權主義觀念逐深入人心。鑑於列強不僅透過外交及武力在中國獲取政治外交權益，更利用勢力範圍的劃分，瓜分中國社會經濟利益，特別是鐵路及採礦權的掠奪。鐵路乃當時中國交通運輸命脈，更是全國各地貨物運送集散主要交通工具，一但鐵路成為列強利權，外人將可自由進出於中國各地，並利用攫取中國經濟利權。所謂有土斯有財，礦產為國家社會經濟發展命脈，民命之所繫，如採礦權利淪入列強手中，非操之於中國，資本亦非中國所出，則國民將無以為生，國家亦只有滅亡一途。因此在「中國路礦中國自辦」，〔註166〕「爭利權，即爭自由」〔註167〕前提下，中國各地掀起一連串收回利權運動。

從清光緒三十年四月（1904 年 5 月），湖南、湖北、廣東等三省士紳民眾發動輿論，組織學會及進演講等各項活動，全力爭收回美國合興公司（The Ammerican Development Co.）承築粵漢鐵路的利權〔註168〕後，全國各地士紳陸掀起收回路礦權運動，要求由國人自築鐵路，自開礦產風潮，無論是已成未成之鐵路、礦權一律收回，不得再授權外國人興築經營，保路、保礦的學會亦應運而生。

上海為國內外人士走集，廣通風氣之區，中國境內各省人士移居或旅居上海者為數頗眾，至清光緒三十年後，成立學會合群力以救國已蔚為風氣，因此在上海成立之保路、保礦運動學會，不僅來自各方（包括婦女界），且為數眾多。茲將清光緒三十三年至宣統三年（1907～1911）期間支持保路、保礦運動成立之學會列表如下：〔註169〕

表 3-2：上海地區保路礦學會表（1907～1911）

| 學　　會 | 成立時間 | 發起人 | 宗　　旨 | 備　　註 |
|---|---|---|---|---|
| 江浙協會 | 清光緒三十二年 | 湯壽潛馬良 | 堅拒外款、商辦鐵路 | |
| 安徽路礦公會 | 清光緒三十二年 | | 保路 | 發起人不可考 |

〔註166〕〈華人宜自辦路礦〉，《東方雜誌》，第一卷第九期（光緒三十年九月二十五日），頁 63。

〔註167〕勻士，〈論中國近日權利思想之發達〉，載於《中國民國開國五十年文獻：清廷之改革與反動》，頁 661。

〔註168〕李恩涵，《晚清的收回礦權運動》，頁 69。

〔註169〕張玉法，《清季的立憲團體》，頁 99～101。

| 江浙保路會 | 清光緒三十二年 | 馬良 | 保護路權 | |
| 女界保路會 | 清光緒三十二年 | 王夢齡 | 保路 | |
| 路礦聯合共濟會 | 清光緒三十四年 | | 反對借款築路開礦 | 發起人不可考 |
| 粵路共濟會 | 宣統元年 | 吳兆曾 | 保路 | |
| 籌還國債會 | 宣統元年 | 周金箴 | 籌還國債以保路礦 | |
| 浙路維持會 | 宣統二年 | | 保全鐵路商辦、取消逾限合同 | 發起人不可考 |
| 四川旅滬保路同志會 | | 熊颺芝 | 反對鐵路國有 | 成立時間不可考 |

資料來源：張玉法，《清季的立憲團體》，頁99～101。

　　其時國人發展保路、保礦運動係基於漸興之民族主義，認識到捍衛國家領土主權是國民之天職，如果政府無法保護國家利權，則人民應有保衛國家鐵路礦產利權之共識。清光緒三十三年（1907）成立之江浙協會、江浙會路會，由湯壽潛和馬良發起，以保護蘇杭甬鐵路為宗旨。不承認政府以向英國借款為出賣鐵路利權，希望由中國士紳自己集資募股購回蘇杭甬鐵路路權。〔註170〕安徽旅滬路礦公會則係響應安徽省爭取收回路礦權益而設，成立後多次召開會議，強力主張皖省礦產不能放棄，任由列強宰制；宣統三年（1911）並邀集各省團體集會，擬組織「銅官山礦共濟會」，共同集資收回礦權。〔註171〕此外，女界保路會之成立，則代表著中國婦女在接受新知，面對國家利權喪失，勇於走出傳統束縛，關注國家大事，學習共同組織團體，為收回國家利權而努力之成果。

　　雖然，為維護國家利權的保路保礦運動並無法阻止列強對中國的擴張，仍持續向清政府施壓，加強對中國鐵路、礦產的控制，至清宣統年間，列強在中國的礦業投資幾佔全國投資總額的十分之八。〔註172〕然而，受到民族意識的激發，收回路礦權已蔚為一種國民自覺運動，尤其是爭取鐵路利權運動由抵抗列強轉為對內要求政府變革的一股強大力量。

　　宣統元年（1911）開始，清政府意識到鐵路商辦政策有改弦更張之必要，認為招商興辦鐵路，不僅籌款不易且恐亂黨從中作亂，不如國辦，於是同意盛宣懷提出的鐵路國有政策，希望透過政府向外國借款方式，將重要鐵路興築及營運權收歸國有。

〔註170〕李恩涵，《晚清的收回礦權運動》，頁171～172。
〔註171〕郭廷以，《近代中國史綱》，頁358～359、361。
〔註172〕郭廷以，《近代中國史綱》，頁397。

　　鐵路國有政策之施行，對國家管理全國交通運輸有一定之效益，然而對已投資興建鐵路之紳商們則必然造成利益之損失。宣統二年七月（1910 年 8 月、9 月間）盛宣懷準備與四國銀行團談判鐵路國有借款事項，時任浙江鐵路公司總理之紳商湯壽潛立即提出嚴重抗議，認爲盛宣懷是出賣國家鐵路利權之罪魁禍首，〔註173〕並發起保路運動。之後，湖南、湖北、四川等更發起一連串的保路運動，先後成立多個具學會性質的保路團體，如於宣統二年（1910）成立之浙路維持會，以保全鐵路商辦政策爲宗旨；四川旅滬保路同志會則係響應四川保路同志會之拒絕鐵路國有政策之團體。

　　拒外學會的出現，顯示學會與民族主義、國家主權觀念結合，從而群策群力爲救國而努力，這是學會與當時社會思潮結合的一種表現。保路保礦等學會的成立，反應當時保路、保礦運動之趨勢，其組織或許不夠健全，活動亦多僅限於開會、演說、請願，然其鼓動爭取國家利權風潮功不可沒；亦有助於工會、商會之專業團體在中國的發展。更重要的是透過學會組織，合群力以救國的觀念，不再只是宣傳口號，更具體落實於各階層民眾爭取利權運動中，無怪乎四川保路同志會之鐵路國有運動，竟成爲革命黨發動武昌起義之導火線。

## 四、中國國民總會

　　中國國民總會係爲聲援拒俄維護中國主權，繼留學生於東京成立國民會之後，在上海成立之團體。由朱少屏、沈懋昭和馬良於宣統三年（1911）發起，以支援當時中俄交涉過程中，維護中國主權爲宗旨。惟成立後不久，爆發辛亥革命，部分學會成員曾協助革命黨人攻打江南製造局。〔註174〕

## 五、上海中國保界分會

　　上海中國保界分會於宣統三年二月十一日（1911 年 3 月 11 日）由王河屏等召集在上海張園安愷第召開第一次會議，到會者不下千人，由周葆元、朱少屏、張竹君等發表演說，強調應有充分之實力方能發揮最大的效力，達到拒外的目標，並由王河屏公布章程，以保界爲宗旨。〔註175〕

---

〔註173〕〈論保守土地權及路礦權益爲國民惟一之天職〉，《東方雜誌》，第三卷第四期（光緒三十二年四月），頁 208～209。

〔註174〕張玉法，《清季的立憲團體》，頁 101、98。

〔註175〕上海社會科學院歷史研究所編，《辛亥革命在上海史料選輯》，頁 1228；《申報》，宣統三年二月廿二日，第二張第二版。

## 伍、立憲及地方自治方面學會

　　清光緒二十年（1894）甲午戰爭中國一戰而敗於日本，即有部分有識之士檢討指出日本富國強兵措施成功之因，不僅止於建立強大海陸軍，於國家政治體制自幕府變革爲君主立憲制，更是國家政府組織近代化，變法成功重要契機。因之，主張立憲之說漸起。〔註176〕戊戌變法時，日本的君主立憲制度是康有爲向皇帝建言、謀國的藍圖，是救國強國的特效藥。〔註177〕其後期透過君主立憲進行改革之說此起彼落。

　　清光緒三十年（1904）日俄戰爭，日本以一新興君主立憲國家打敗古老帝國蘇俄，似乎進一步證明君主立憲之可行性，於是各界士紳紛紛上書進言，主張清政府應進行政府體制上的變革，實施君主立憲制，方可使國家立於不敗之地。當時著名士紳曾獲科舉狀元之張謇即以實施君主立憲可以「安上全下」，向袁世凱陳說立憲之不可緩，認爲不變政體，則枝枝節節之補救實無助益；從日俄戰爭日本戰勝之結果，實施君主立憲之必要性，至今全球完全專制之國家有誰？以專制抵擋立憲，尚可倖存？〔註178〕

　　張之洞、袁世凱等朝中要員亦上奏請求皇帝預備立憲。於是清政府於清光緒三十一年（1905年）派遣載澤等五大臣至歐洲日本等國家考察憲政；〔註179〕經過經年的考察，五大臣於清光緒三十二年七月（1906年8月、9月間）返國，帶回各國實施憲政資料與經驗，並力陳在中國實施君主立憲之可行性。在各界推波助瀾下，隨之清政府下詔預備立憲，並宣布先行議定官制、法律、廣興教育、清理財政、整理武備等後再正式施行立憲制度。〔註180〕自此全國

---

〔註176〕清末發現議會制度是西方國家政府組織運作重要基礎者，早在龔自珍、馮桂芬之著作中即多次提及；其後王韜、張自牧、薛福成、鄭觀應、湯震、陳熾、何啓、胡禮垣等人對西方議會制度皆有所陳述或讚嘆，從而促進君主立憲主張之盛行。

〔註177〕康有爲自戊戌變法以後，始終抱著行君主立憲的主張。康以當時中國的據亂世，也就是君主專制時代，依照進化有漸，因革有由的原則，下一步應該實行君主立憲。關於康有爲的思想，時人著作頗多，如：Kuny-chuan Hsiao, *A Modern China and a New World: Kang yu-wei, Reformer Utopian, 1858～1927,* Washington University Press, 1975；小野川秀美著，林明德、黃福慶譯，《晚清政治思想研究》（臺北：時報出版社，民國71年，初版）。

〔註178〕郭廷以，《近代中國史綱》，頁384。

〔註179〕〈派載澤等分赴東西洋考察政治諭〉，載於佚名編，《清末籌備立憲檔案史料》，頁1。

〔註180〕清宣統間敕撰，《大清德宗景皇帝實錄》，卷五六二，頁8～9。

掀起立憲風潮。

然而，君主立憲究竟所指爲何？其實質內涵爲何？該如何有效正確的施行君主立憲，方可使國家和平理性的由專制轉爲立憲？種種措施非一日可就，亦非三言兩語可道盡，更無論該如何讓市井小民等一般大眾認識與了解，因此有所謂的憲政研究會、預備立憲公會，及爲呼籲清政府早日召開國會的國會請願會等團體出現。

## 一、憲政研究會

憲政研究會於清光緒三十二年（1906）由馬良興雷奮發起，以研究憲政爲宗旨。〔註181〕中國向爲專制之國，雖欲行君主立憲，但憲政觀念畢竟爲由西洋傳入，非一蹴可及，而一種制度的實行必須經過全國人民的了解，及找出合群力研究最適合可行的方法，實行時才能適切合宜，學會的設立正可以全群力研究憲政，使憲政思想普及於人群中，憲政研究會之設立宗旨正是如此，所謂：

> 我國沈痼之疾，種之者二千年，一旦改政體而驟躋富強，與列強並駕，固未敢爲是豫期。然使立憲之知識不先輸入於國民之腦中，而深喻其利弊之所在，我想政體變而國民之心理猶未能相應而與之俱變，利未得而害先具，未可知也，欲避其害，非講明其學不可，欲講明其學，非設會研究不可。（《東方雜誌》，第二卷第二期，清光緒三十三年二月，頁31）。

憲政研究會成立後，除演說倡導實行憲政外，尚利用《時報》進行宣傳，鼓吹憲政；同時亦發行《憲政雜誌》月刊，〔註182〕闡述學會對推行君主立憲制度之主張與建言，並期能啓發民眾對憲政之興趣與了解相關知識。

## 二、預備立憲公會

湯壽潛、張謇、鄭孝胥、曾廣銓等以清政府既預備施行君主立憲政體，遂於清光緒三十二年十一月（1906年12月～1907年1月間）成立預備立憲公會，〔註183〕以鼓吹倡導實施君主立憲爲宗旨。會中設有正、副會長、幹事、名譽幹事、常駐事務員、書記及會計等若干人，初期入會者有二百七十四人，

---

〔註181〕《新民叢報》，第四年十五號（光緒三十二年十月二十四日），頁96。
〔註182〕張玉法，《清季的立憲團體》，頁365。
〔註183〕蔣慎吾，〈上海縣在清代〉，《上海市通志館期刊》，第二卷第二期（民國23年9月），頁531；李守孔，論清季之立憲運動，《幼獅學報》，第二卷第二期，頁47。

會員主要來自憲政研究會之成員。〔註184〕

　　預備立憲公會成立後，主要活動爲出版書報、刊行《預備立憲公會報》，宣傳憲政等，曾經出版《地方自治綱要》、《地方行政制度》、《公民必讀》、《城鄉自治宣講表》，《日本憲法詳解》等有關實施君主立憲方面圖書。〔註185〕另外尚有編纂商法方面書籍，開辦法政講習所宣揚近代法治觀念，以及領導其時主張立憲之各個學會團體進行請願，要求清政府儘速召開國會，正式實施君主立憲體制。清光緒三十四年七月（1908 年 8 月），並領導發起所謂「國會期成會」，〔註186〕期能進一步推動立憲工作。

　　預備立憲公會自成立後對於立憲運動之推行不遺餘力，一直到宣統三年（1911）〔註187〕仍致力於此。

### 三、國會請願同志會

　　清宣統元年九月初一（1909 年 10 月 14 日）各省諮議局開幕，〔註188〕爲實施君主立憲奠定基礎。惟各省諮議局議員認爲長期以來政府外交失敗、內政失修，如欲冀有所更張，非縮短立憲期限，儘速召開國會，不足以維繫人心，因此於同年十月六日（1909 年 11 月 18 日）各省諮議局代表集議上海，商議請願速開國會事宜。〔註189〕於此之際，爲有效推動正式國會之召開，遂有國會請願同志會之成立。

　　國會請願同志會於宣統元年（1910）設立，原名「請願速開國會同志會」，其間一度改爲「請願即開國會同志會」，至宣統二年（1910）重訂章程時，簡稱爲「國會請願同志會」，以鼓吹輿論、遊說各種會社繼續請願，促成國會之成立爲宗旨，並領導上書請願速開國會。〔註190〕

　　值得注意的是，預備立憲公會與國會請願同志會已非單純之學術團體，它們是以推行立憲、召開國會而成立的團體，已接近於近代之政黨團體，會

〔註184〕張玉法，《清季的立憲團體》，頁 366～367；《順天時報》，宣統二年二月二十三日。

〔註185〕《申報》，庚戌三月初一日第一張第二版廣告。

〔註186〕張玉法，《清季的立憲團體》，頁 369～370、384。

〔註187〕《順天時報》，宣統三年三月十六日，載其改選會長，張謇爲會長，鄭孝胥、張元濟爲副會長。

〔註188〕國史館，《中華民國史事紀要（初稿）綱文備覽》（臺北：國史館，民國 79 年，初版），第一冊，頁 387。

〔註189〕同前註，頁 389。

〔註190〕張玉法，《清季的立憲團體》，頁 394～395、399～400。

中成員大多爲當時之諮議局議員，具有較高之政治地位與權力，亦希望在變革過程中能夠維護或增進其在朝野中之勢力，因之持續發動請願活動，發表演說，鼓吹立憲，對促進清政府縮短立憲年限，速開國會頗有助力。

　　另外，由於地方自治是實行憲政的基礎，欲將君主立憲制度深根於中國，培育人民近代西方憲政素養，了解憲政體制及其運作方式，則非從自治入手不能成其功，因此在推行立憲之際，亦應著手於地方自治之施行。所謂「地方自治一端實爲立憲之根本，且欲實行強迫教育之制，尤非從自治入手不能培其根，而固其基。國家爲地方之總體，地方爲國家之分子，自治者乃國家與社會之運鎖也」。〔註191〕

　　上海地區對於地方自治的觀念體驗深刻，除了因地利之便，西方自治觀念輸入甚早外，租界地區自治成效的啓示與借鏡，更導引上海紳商們積極從事於地方自治之研究，成立學會研究與提倡地方自治。

### 四、地方公益研究會

　　晚清知識分子國家政治議題關注的範圍，不僅及於中央，且顧及地方政治建設之發展。地方公益研究會爲李祥珍、楊伯龍等於清光緒三十一年（1905）創立，以研究市政爲宗旨。〔註192〕近代地方市政發展爲地方自治之基礎，完善地方政事之推展，將有助於都市之發展，因此地方公益研究會關注對象爲城市衛生、公安、工務、社會和教育等議題之探討，舉辦的活動則包括設立病院，習藝所、工商補習、鄉約訓練等。〔註193〕在上海自治公所成立後，立即行動督促自治公所從事全面性的建設，如於重要路段增設路燈，遷移危險物品於安全地區，或注重清潔衛生、食衣住行、防疫、育嬰等，〔註194〕以提高生活品質。

　　當時參加者多爲當時商界中重要人物，從當時題名的中四十四名會員身職業觀察，大多爲當時上海著名商界名人可見一斑；〔註195〕他們在海自治公所成立後，更不遺餘力推動地方自治運動。

---

〔註191〕〈論地方自治爲預備立憲之根本〉，《東方雜誌》，第四卷十一期（光緒三十三年一月），頁2。
〔註192〕王爾敏，〈清季學會彙表〉，《晚清政治思想史論》，頁158；張玉法，《清季的立憲團體》，頁133。
〔註193〕上海通社，《上海研究資料續集》，頁156～157。
〔註194〕《申報》，宣統二年九月六日，第二張第二版；宣統二年九月十九日，第二張第三版。
〔註195〕上海通社，《上海研究資料續集》，頁156。

### 五、地方自治研究會

地方自治研究會由梅豫根和雷奮於清光緒三十二年（1906）發起，以研究地方自治爲宗旨，〔註196〕由其緣起中所說：

> 吾中國二千年來，習處於專制政體之下，不復知個人與地方之有無
> 關係，又自邑人任宰之制度，地方治理之權，遂盡付之素不相謀之
> 官吏，……流弊所及，遂至舉地方之人，而詣以利弊所在，興革所
> 宜瞠目結舌而不能對者十且八九，……有鑒於此，爰發起地方自治
> 研究會。（上海通社，《上海研究資料續集》，頁155）。

可知，地方自治研究會正是希望借學會的組設，結合同好共同研究發展地方自治，期能培育國人「各各能自立，各各盡其國家之一分子之義務」，〔註197〕以落實立憲體制之施行。

由於地方自治研究會主要成員大多是上海商界領袖，如：王震爲大販公司總買辦，郁懷智爲老公茂紗廠經理，顧履桂爲永愼和米行經理、葉達爲源昌源豐號主等，〔註198〕因此其關注的議題比較偏向上海市政的發展和貿易自由化問題，希望藉此減少其貿易往來之阻力，並增進上海市政建設。

由前兩個學會來看，似乎參加提倡地方自治者以商人爲主。其因之一爲，商人從事商業活動，希望自由貿易，而地方自治能使政府對地方立於輔導地位，減少政府干涉力量，俾利於民間商業活動，其後上海自治公所成立，參與者大多爲當時之紳商即緣此之故。

## 陸、青年留學生及婦女方面學會

### 一、上海協助亞東遊學會、旅滬福建學生會

上海協助亞東遊學會清光緒二十八年（1902），姚石泉等在上海張園安愷第會場召開成立。因其時風聞部分中國學生欲前往日本成城學校留學被拒，故而召集是會，商議向日本交涉之法。〔註199〕因此此會之設立實屬臨時性質，

---

〔註196〕王爾敏，〈清季學會彙表〉，《晚清政治思想史論》，頁157；〈清季上海地方自
　　　治與基爾特〉，上海通社，《上海研究資料續集》，頁156。
〔註197〕〈地方自治論〉，《東方雜誌》，第一卷第九期（光緒三十年九月二十五日），
　　　頁109。
〔註198〕〈清季上海地方自治與基爾特〉，上海通社，《上海研究資料續集》，頁156。
〔註199〕蔣維喬，〈中國教育會之回憶〉，《東方雜誌》，第三十三卷第一期（民國25
　　　年1月），頁8。

更乏組織章程，故而此時立之上海協助亞東遊學會，其屬性較不具學術性學會性質。

由於晚清留學風氣漸盛，學生留學及學成歸國者頗多，為求共同聯誼研究及助新進者繼續深造，成立不少學生會，更有部分人士利用學生會暗裏進行革命活動。上海已為國內外重要商業經濟及交通往來重鎮，更有利於進行革命宣傳及活動，如：林森、翁浩所組之旅滬福建學生會；王廉、沈厥民所組之浙江旅滬學生會；黃興、秦毓鎏所組之青年學社〔註200〕等在當時表面上雖為類似於學生組成之學會，實則乃革命派的活動機關。

## 二、寰球中國學生會

寰球中國學生會係由李登輝、朱少屏等人於清光緒三十一年（1905）七月發起創立。由於留學吸取新知已蔚為風潮，有關招待留洋學生、介紹回國應聘等情事，關係著留學生相關權益與返國後服務鄉梓、厚植國力之發展，有組織團體協辦相關業務之必要，因而發起此會。以指導升學、職業介紹為其宗旨。〔註201〕

會寰球中國學生會成立後，由於確實發揮功能，因此至抗戰前仍存續。會務活動以職業介紹、職業指導、遊學招待、升學指導、公開演講、代辦招考教育和出版刊物等為主。〔註202〕並曾在清光緒三十二年（1906）發刊《寰球中國報》，〔註203〕刊載留學訊息。另外，為協助留學生增強語文能力，遂集資附設兩所小學，小字專科和英文夜校各一所。〔註204〕

## 三、上海青年全國協會、留美中國學生會、上海少年會、中國學界聯合會

上海青年全國協會、留美中國學生會、上海少年會、中國學界聯合會等

---

〔註200〕張建國，《辛亥前上海地區革命運動之研究》，頁 41～42；李懷道編，《辛亥革命江蘇地區史料》（江蘇，人民出版社，1961 年，初版），頁 169。

〔註201〕吳南軒，〈李登輝先生傳略〉，《大陸雜誌語文叢書》，第三輯第五冊（民國 64年），頁 457；胡懷琛，〈上海的學藝團體〉，《上海市通志館期刊》，第二卷第三期（民國 23 年 12 月），頁 847。

〔註202〕胡懷琛，〈上海的學藝團體〉，《上海市通志館期刊》，第二卷第三期（民國 23年 12 月），頁 847。

〔註203〕王爾敏，〈清季學會彙表〉，《晚清政治思想史論》，頁 165。

〔註204〕胡懷琛，〈上海的學藝團體〉，《上海市通志館期刊》，第二卷第三期（民國 23年 12 月），頁 847。

幾個團體，設立及會務活動推展對象主要以青年學生為主。由於資料不足，僅能簡略述之。

上海青年全國學會係為號召組織上海青年，形塑青年學生民族意識而設，曾於宣統二年（1910）創刊《青年雜誌》，鼓吹宣傳其主張及活動。

留美中國學生會為留美學生組織之學生團體，期能藉由學會之組設，凝聚留美學生民族意識，曾在宣統三年（1911）創刊《留美學生年報》，上海少年會，僅知其於宣統三年（1911）在上海成立，〔註205〕餘則不詳。

中國學界聯合會則為中國公學和復旦公學學校朱為伯、饒毓泰等所發起創立，其宗旨在聯合學界以救中國。〔註206〕

### 四、世界女子協會、中國女子國民會、婦女宣講會

傳中國社會，以男性為尊的三綱五常規範下，女性地位低落，婦女向來被侷限於家庭之內；所謂女子無才便是德，更是貶抑女子使之喪失基本社會權利。清末雖然民智漸開，在西方婦權新知漸進及傳播下，開啟中國女性接受教育機會，國化漸知女性社會地位及發展之重要，因而部分為興女權之女子協會興起。

世界女子協會為周佩宜等人於宣統二年十二月（1911年1月）發起，並訂定章程。在其發佈之章程中明示以聯絡女界情誼，振興女權為宗旨，並在蘇州、南京、杭州等處設有會。〔註207〕

世界女子協會發起人為女性，顯示在有機會接受較多知識教育之婦女，逐漸驚覺到中國婦女常期漠視其應有之權利，亦漸知婦女亦應結合同好，共同組織團體，為維護婦女權利而努力。

中國女子學會則於宣統三年（1911）由章在民、尹維俊、王雄、尹銳志和吳鐘秋等人發起，以改良家庭柔靡之習俗及倡導女子尚武天職為宗旨，〔註208〕期能藉由宣揚強健女子體魄，改善傳統婦女柔弱體質，形塑健康女性形象。

婦女宣講會由丁乘時發起，〔註209〕但其宗旨活動則無從得失。

清光緒二十六年（1900）至宣統三年（1911）期間，上海地區學會發展

---

〔註205〕張玉法，《清季的立憲團體》，頁138。
〔註206〕上海社會科學院歷史研究所編，《辛亥革命在上海史料選輯》，頁1229。
〔註207〕同前註，頁1227。
〔註208〕上海社會科學院歷史研究所編，《辛亥革命在上海史料選輯》，頁1332。
〔註209〕張玉法，《清季的立憲團體》，頁98。

較前期發展，更多且多元。不僅組織型態多樣化，且與當時社會思潮相結合。而在內容上，則與中國傳統之文人集會結性質迥然不同，甚至漸具現代西方會社或政黨組織型態。此外，在各種學會林立之際，其間尚不乏部分以學會名義掩護其政治活動，如藉學會之名進行革命活動。陳去病在清光緒三十三年（1907）爲紀念秋瑾而設之神交社；〔註210〕以及敢死團、銳進學社等〔註211〕會社，這些學會雖以提倡學術研究或傳播新知開啓民智爲名，組織成員實則爲革命黨員，或與革命黨人聯絡，進行革命活動，與本文之以具有公開性、改革性之學會涵義不甚相似，故不加以敍述。

　　雖然清光緒二四年（1898）以後上海成立之學會大多數存續時間並不長久，特別是與政治外交有關聯之學會，因國內外政治外交時局改變而失其發揮之舞。但是上海學會的發展，充分反應其時之社會思潮，同時也因其所處之環境充滿變數而呈現其過渡性。

# 第二節　上海以外江蘇省各地學會運動發展概況

　　上海以外江蘇省其他地區的學會運動第二期發展，大致上仍以各大城市爲主，鄉村地區並未見有學會成立，且這些學會中以公立教育會和爲推行立憲、地方自治的地方自治研究會爲主，其它在學術、社會改良方面的學會，與上海相較並不普遍，此一現象顯示學會運動的推展，仍需較發達之資訊傳播空間，以及具新知之士紳知識分子的支持。上海大都會因地利之便，人文匯萃，學會發展繁盛，其它地區則受限於知識及社會經濟等各方面發展之不足，學會發展則顯不足。

## 壹、教育會方面學會

　　光緒三十二年清廷詔示提倡新式教育，爲倡導新學鼓勵於各省縣市成立教育會，期以教育會輔助教育行政體制之不足，協助推廣新式教育。清光緒三十二年八月學部奏頒《教育會章程》，令全國各省縣設立教育會，於是江蘇省各縣紛紛設立教育會，藉以鼓吹推動新式教育。茲將江蘇省各地教育會成立情形列表如如下：

---

〔註210〕柳棄疾，《南社紀略》，頁6。
〔註211〕張玉法，《清季的革命團體》，頁 768～769。

## 表3-3：江蘇省各地教育會一覽表

| 名　　　稱 | 地　　點 | 成　立　時　間 | 創始人 | 宗旨與活動 |
|---|---|---|---|---|
| 銅山縣教育會 | 銅山 | 清光緒三十一年 | | |
| 金壇縣教育會 | 金壇 | 清光緒三十二年 | | 附設有研究會。 |
| 寶山縣教育會 | 寶山 | 清光緒三十三年 | 袁希濤 | 研究教育活動，並議決勸學所之經費。 |
| 江都縣教育會 | 江都 | 清光緒三十二年 | 陳懋森 周樹年 | 每年開常會一次，臨時會無定限，會費由會員酌量輸納。並在各鄉設有教育會事務所。 |
| 沛縣教育會 | 沛縣 | 清光緒三十二年 | | 年支經費四百千。 |
| 青浦縣教育會 | 青浦縣 | 清光緒三十三年 | 陳龍章 張世康 | 經費由勸學所撥助錢五百千文。 |
| 丹陽縣教育會 | 丹陽 | 清光緒三十三年 | 孫國鈞 林北昺 | |
| 鎮洋縣教育會 | 鎮洋 | 清光緒三十三年 | | |
| 嘉定縣教育會 | 嘉定 | 清光緒三十三年 | 黃世祚 徐文穀 嚴塘 黃守恒 | 審定教科書。 舉行全邑學校聯合運動會設教育研究會。 單級教授練習所。 |
| 阜寧縣教育會 | 阜寧 | 清光緒三十三年 | | |
| 長元吳三縣教育會 | | 清光緒三十三年 | | |
| 京口教育會 | | 清光緒三十三年 | | |
| 蘇州教育會 | 蘇州 | | | |
| 宜荊縣教育會 | 宜荊 | 宣統元年 | 任錫汾 朱方來 潘鍾瑾 | 定有會章八條。 |
| 川沙縣教育會 | 川沙 | 宣統二年 | | |

資料來源：余家謨等修、王嘉詵等纂，《銅山縣志（民國15年刊本）》（臺北市，成文出版社，民國59年，影印本），卷六，頁13。馮煦等纂，《金壇縣志（民國10年刊本）》（臺北市，成文出版社，民國59年，影印本），卷六，頁11。張允高等纂修，《寶山縣續志（民國20年刊本）》（臺北市，成文出版社，民國64年，影印本），卷七，頁9～12。錢祥寶等修、桂邦傑纂，《江都縣續志（民國15年刊本）》（善本），卷八下，頁14。于書雲修、趙錫蕃纂，《沛縣志（民國9年刊本）》（臺北市，成文出版社，民國64年，影印本），卷七，頁13。張仁靜修、錢崇威纂、金詠榴續纂，《青浦縣續志（民國23年

刊本）》（臺北市，成文出版社，民國 64 年，影印本），卷九，頁 1。胡為和修、孫國鈞纂，《丹陽縣續志（民國 16 年刊本）》（臺北市，成文出版社，民國 63 年，影印本），卷七，頁 2。王祖畬等纂，《鎮洋縣志（民國 8 年刊本）》（臺北市，成文出版社，民國 64 年，影印本），附錄自治，頁 6。陳傳德修、黃世祚纂，《嘉定縣續志（民國 19 年刊本）》（臺北市，成文出版社，民國 64 年，影印本），卷七，頁 13～14。吳寶瑜修、龐友蘭纂，《阜寧縣新志（民國 22 年刊本）》（臺北市，成文出版社，民國 64 年，影印本），卷一五，頁 17。陳善謨等修、徐保慶等纂，《光宣宜荊續志（民國 9 年刊本）》（臺北市，成文出版社，民國 59 年，影印本），卷五，頁 2。方鴻鎧修、黃炎培纂，《川沙縣志（民國 25 年刊本）》（臺北市，成文出版社，民國 63 年，影印本），卷一，頁 22。張玉法，《清季的立憲團體》，頁 125。

前述各縣教育會係依據《教育會章程》成立，但是根據資料顯示這些教育會的前身大多為清光緒三十一年（1904）張謇、惲祖祁等在上海組設之江蘇省教育總會分會。如：金壇縣教育會是由清光緒三十一年（1905）王貫等發起之「江蘇省教育總會金壇分會」改組而成；〔註212〕丹陽縣教育會由清光緒三十一年（1905）趙瑞豫所設之「江蘇省教育總會丹陽分會」改組而成；〔註213〕阜寧縣教育會則由清光緒三十年（1904）張謇、惲祖祁等組織之「江蘇省教育總會阜寧分會」改組成立。〔註214〕因此，各縣教育會體制基本上具有學會性質，其活動內容亦多沿自「學會」，因此將其列入本文探討中。

根據學部訂頒之《教育會章程》中規定，教育會活動應包括設立「教育研究會」、「師範傳習所」、「調查境內官立私立各種學堂」等，以求增進學識。〔註215〕因此，如前表所列，金壇縣教育會附設有研究會，〔註216〕藉以推動新式教育。另，嘉定縣教育會組織較健全，經費亦充裕，自成立後除舉辦各項活動，設立教育研究外，甚至編審教科書，舉行全邑學校聯合運動會，設理

〔註212〕馮煦等纂，《金壇縣志（民國 10 年刊本）》（臺北市，成文出版社，民國 59 年，影印本），卷六，頁 11。

〔註213〕胡為和修、孫國鈞纂，《丹陽縣續志（民國 16 年刊本）》（臺北市，成文出版社，民國 63 年，影印本），卷七，頁 2。

〔註214〕吳寶瑜修、龐友蘭纂，《阜寧縣新志（民國 22 年刊本）》（臺北市，成文出版社，民國 64 年，影印本），卷十五，頁 17。

〔註215〕〈奏定各省教育會章程摺〉，載於多賀秋五郎編，《近代中國教育史資料》，清末編，頁 432。

〔註216〕馮煦等纂，《金壇縣志（民國 10 年刊本）》（臺北市，成文出版社，民國 59 年），卷六，頁 11。

化器械陳列所、夏期音樂講習會、單級教授練習所、義務單級初等小學堂、會同勸學所組織宣講所、全縣小學教職員聯合會、全縣各學堂聯合學藝會等，〔註217〕活動內容豐富而成效。

由於清末教育會章程規定，教育會的職權不限於教育研究，教育會組織功能較廣泛具彈性，因此活動內容較多元化。甚至寶山縣賦予教育會具有監督勸學所經費、辦事人員人數，學務糾紛等權限，隱然有議事機關之功能。〔註218〕與民國成立後，專門研究教育發展之教育會頗有差異，這也是當時教育會之特色。

## 貳、農工商方面學會

清政府於光緒三十二年（1906）成立農工商部，並自宣佈全國各地分別設立農工商會，在首邑設總會，各州縣設立分會後，各地皆設有農、工、商總會和分會，這些團體皆純屬於農事、商務或工業方面，故不加以贅述。然亦因於全國各地皆倡設農、工、商會，以學術研究農、工、商方面的學會亦減少，即或有之其活動亦極少，影響力不大。

### 一、全國農務聯合會

全國農務聯合會係由張謇、馬良、張國溶、湯化龍等人於宣統二年在南京組成，是由南洋第一次勸業會研究會發起，〔註219〕以研究倡導農事為宗旨。宣統三年（1911）創辦《農務聯合會雜誌》，定期刊載農業及耕作技術相關資訊，提供農民農學新知，期能「輸彼之說以牖此」、「徵此之說以餉彼」，而達「證合發明，輾轉相益」〔註220〕之功。

### 二、中國農會

中國農會於清光緒三十二年（1906）由姚志梁設於嘉定南翔。會中設有幹事長、評議員、調查員、書記等。〔註221〕由於缺乏資料，相關活動內容無

〔註217〕陳傳德修、黃世祚纂，《嘉定縣續志（民國 19 年刊本）》（臺北市，成文出版社，民國 64 年，影印本），卷七，頁 14。

〔註218〕張允高等纂修，《寶山縣續志（民國 20 年刊本）》（臺北市，成文出版社，民國 64 年，影印本），卷七，頁 9。

〔註219〕張玉法，《清季的立憲團體》，頁 123。

〔註220〕張謇，〈農務聯合會雜誌序〉，《張季子九錄》，文錄，卷六，頁 12。

〔註221〕王爾敏，〈清季學會彙表〉，《晚清政治思想史論》，頁 138。

法詳知，惟應以農學研究推廣及協助農民了解農業新知為主。

### 三、甘泉農學總會、農務總會

甘泉農學總會於清光緒三十三年（1907）成立，以研究農業為宗旨。農務總會則由陶惟坻在蘇州成立，以發展研究蘇州地區農務為宗旨。因缺乏資料，學會實際活動情形則無從得知。〔註222〕

### 四、商學會、南洋勸業會研究會

商務會於南京成立，以研究商務為宗旨，其組織及活動因缺乏資料，不可考。〔註223〕

南洋勸業會研究會，係為籌備南洋勸業會而設，確切成立時間不可考，惟依據清光緒三十四年十一月（1908年11月、12月間）兩江總督端方所奏南洋勸業會請降旨宣示綱要摺，應於宣統元年左右，〔註224〕以籲請各境內學紳商界人士支持成立，振興實業，營建南京新市容，補助社會教育為宗旨。由於南洋勸業會是由地方政府主動發起，獲得不少回響，特別是江寧和上海紳商界響應最熱烈，並有舉行賽會之議。〔註225〕除了為倡興商業籌設之各類活動外，為讓國人了解新式商業活動及西方資本主義商業經濟發展情形，因而在江寧設立研究會，分門別類設立各項專門研究會，〔註226〕進行商業研究，因此南洋勸業會研究會活動相當廣泛而多元。

## 參、外交及爭取利權方面學會

### 一、勵恥社、世界拒約社

勵恥社設於鎮江，世界拒約社成立於蘇州，兩社皆為清光緒三十一年（1905）為反對中美工約而設，〔註227〕至於其活動主要以反對中美工約，響應上海地區所發起的抵制美貨運動為主。由於缺乏資料佐證，無法詳述其活

---

〔註222〕同前註，頁138；張玉法，《清季的立憲團體》，頁122。

〔註223〕張玉法，《清季的立憲團體》，頁135。

〔註224〕〈調任兩江總督端方奏南洋勸業會請降旨宣志綱要摺〉，《東方雜誌》，第六卷第九期（宣統元年八月），頁82；《國風報》，第一期第十四期（宣統二年五月二十一日），頁86。

〔註225〕〈南洋勸業會記事第一〉，《東方雜誌》，第六卷第三期（宣統二年閏二月），頁8。

〔註226〕〈南洋勸業會記事第七〉，《東方雜誌》，第六卷第九期（宣統二年八月），頁268。

〔註227〕張玉法，《清季的立憲團體》，頁98～99。

動內容，其影響亦無從得知。

### 二、女界保路會

女界保路會於清光緒三十三年（1907）成立於蘇州，響應上海女界保路會而設。〔註 228〕透過演講等方式，鼓勵婦女走入人群，參與社會，激發其愛國情懷，知為維護國家利權，必須團結發揮群力。

## 肆、立憲及地方自治方面學會

### 一、諮議局研究會

諮議局研究會宣統元年四月（1909 年 5 月、6 月間）由張謇議設於南京，以研究諮議局有關事務為宗旨。〔註 229〕由於欲從傳統君主專制體制改為施行君主立憲，全國各地方該如何籌備，應如何進行，皆是問題，因此江蘇省改革人士遂議設此一研究會，欲藉學術研究了解君主立憲體制下，地方諮議局設立及運作等相關議題。

諮議局研究會成立後，第一次集會時廣邀江蘇省各縣議派代表參加，會中除選舉張謇為會長，負責會務推動事宜外；並討論財經問題，如：田賦征銀解錢、銅圓流弊等問題；而為能落實地方自治，亦議設籌集地方自治經費等事宜，〔註 230〕期能透過研究會持續有效運作及相關活動之進行，以為諮議局正式成立後之準備。

### 二、預算維持會

預算維持會於宣統三年四月（1911 年 5 月）設立，目的為爭取諮議局預算地方經費之合法化而設。當時寧屬巡撫不願將其經費預算列出受諮議局議決，引起諮議局議員不滿，因而成立此會。〔註 231〕

由於其時江蘇省士紳對施行立憲、成立諮議局已有共識，並期待能順利進行，因此預算維持會成立後會員人數不少。最初入會者有二百五十餘人，團體入會者一百零六人，〔註 232〕其後會員增至一千四百十七人。〔註 233〕

---

〔註 228〕同前註，頁 99。
〔註 229〕張玉法，《清季的立憲團體》，頁 96～97。
〔註 230〕張謇，〈嗇翁自訂年譜〉，載於宋希尚編，《張謇的生平》（臺北市：中華叢書編審委員會，民國 52 年，初版），頁 433。
〔註 231〕《時報》，宣統三年四月二十七日。
〔註 232〕同前註。

　　預算維持會成立後除公推吳懷疚爲主席，並集會發起上書、請願等各項活動，呼籲寧屬地方政府能適時編列經費。如：上書資政院、度支部、內閣、督撫，並電諮議局聯合會，如不允預算照原案公布，則解散議會。〔註 234〕聲勢頗爲浩大，後經清政府協調，督撫公布寧屬預算，雙方達成協議，預算維持會亦因目的達成而於七月間結束。〔註 235〕

### 三、地方自治會

　　自清政府宣布立憲以後，江蘇省各重要縣市皆設立地方自治研究會，目的在研究地方自治，以爲成立地方自治公所、實行地方自治之基礎。

　　清光緒三十二年（1906）有揚州、常熟、昭文等縣設立法政研究會、地方自治會。清光緒三十三年（1907），揚州、寶山、嘉應、武進、蘇州等縣設有自治研究會或自治期成會。清光緒三十四年（1908）有青浦、宜荊等縣設立之自治期成會和地方自治研究會。在清光緒三十四年（1908）自治局成立前，大致上，江蘇省有近十個縣設有自治研究會，其目的宗旨不外乎基於地方自治爲憲政之基礎，所以成立研究會以研究並促進地方自治。茲將各縣市設立之自治會列表如下：

### 表 3-4：江蘇省各地地方自治會一覽表

| 學會名稱 | 地點 | 成立年代 | 創始者 | 宗旨活動 |
|---|---|---|---|---|
| 地方自治會 | 常熟 | 清光緒三十二年 | 陸懋宗 | 研究並促進地方自治，並清理財政，改良風俗。 |
| 法政研究會 | 揚州 | 清光緒三十二年 | 鄭寶慈 盧晉思 | 研究政法，預地方自治。 |
| 地方自治會 | 昭文 | 清光緒三十二年 | 陸懋宗 | |
| 地方自治研究會 | 寶山 | 清光緒三十三年 | 潘鼎新 | 研究並促進地方自治。 |
| 寶山地方自治會 | 寶山 | 清光緒三十三年 | 施贊唐 | 研究地方自治。 |
| 自治會 | 揚州 | 清光緒三十三年 | 徐聯芳 | 研究地方自治。 |
| 自治期成會 | 武進 | 清光緒三十三年 | | 參酌各國地方自治制，研究地方自治。 |

---

〔註 233〕《時報》，宣統三年五月二十一日。
〔註 234〕《時報》，宣統三年四月二十七日。。
〔註 235〕《時報》，宣統三年七月六日。

| 地方自治期成會 | 南匯 | 清光緒三十四年 | | |
|---|---|---|---|---|
| 地方自治研究會 | 蘇州 | 清光緒三十三年 | 胡玉縉 | |
| 自治期成會 | 青浦 | 清光緒三十四年 | 趙夢泰 | 以養成自治人才爲宗旨。 |
| 地方自治研究會 | 宜荊 | 清光緒三十四年 | | |

資料來源：陳善謨等修、徐保慶等纂，《光宣宜荊續志（民國 9 年刊本）》（臺北市，
　　　　成文出版社，民國 59 年，影印本），卷七，頁 8～9；《東方雜誌》，第四
　　　　卷四期，頁 178；《東方雜誌》，第四卷五期，頁 233；《東方雜誌》，第四
　　　　卷十期，頁 508；《東方雜誌》，第五卷二期，頁 142；《東方雜誌》，第五
　　　　卷四期，頁 267；《東方雜誌》，第五卷十期，頁 119；王爾敏，《晚清政治
　　　　思想史論》，頁 158。

前述自治研究會或期成會大約於清光緒三二至三四年間，成立地點以接受西
方知識較早或學風鼎盛之沿海縣市爲主，如：常熟、揚州、寶山等地，並以
研究並促進地方自治，養成自治人才，清理地方財政或改良社會風俗爲宗旨。

　　對廣大的中國人民而言，兩千多年的君主專制政體，已使之遠離政治，
失去參與政權的能力，亦缺乏自治人才。自治研究會或期成會成立的目的不
外乎培養訓練自治人才，江蘇省各縣自治研究會或期成會的成立，有助於民
眾對地方自治及君主立憲制度的推動，特別是在上海寶山等較開通的地方頗
有成效，〔註 236〕民眾對地方自治之發展興趣頗濃。然在距離沿海地區較遠之
地，因缺乏普及教育，民眾知識普遍低落，無法廣泛的推行，基本上以當地
士紳或官紳爲主，一般平民並未積極參與。甚至在實施地方自治過程中，相
關之戶口調查、改寺廟、觀宇爲學堂，推動新式教育等情事，亦因社會經濟
壓力及各種稅捐（辦地方事業需經費，清末財政困難，爲求經濟來源，只有
增加稅款或強迫捐款）、利益的衝突或迷信等因素，未能受到民眾技持，招致
反對風潮。〔註 237〕

## 伍、學術藝文方面學會

### 一、新陽講學會、江都縣學會

　　新陽講學會由徐樹卿於清光緒二十九年（1903）成立，以研究學術爲宗

〔註 236〕張玉法，《清季的立憲團體》，頁 319～326。
〔註 237〕王樹槐，〈清末江蘇地方自治風潮〉，《中央研究院近代史研究所集刊》，第六
　　　　期上（民國 65 年 7 月），頁 327。

旨，〔註238〕餘則不詳。

江都縣學會於清光緒三十一（1905）由邑紳徐兆鼎、方爾咸等議設。初名爲揚州學會，清光緒三十二年正月（1906年1月、2月間）由府屬八州縣人士公立張允頵、方爾咸擔任正、副會長，設有評議、調查、招待、書記、會記等諸職務，會員人數及入會資格未知。其後因學部規定每一府州縣只許各設一教育會，因而去揚州名稱，改名爲江都縣教育會。主要活動內容爲推展江都縣教育，以提升民眾知識。〔註239〕

### 二、嘉定學會、南翔學會、黃渡學友會

嘉定學會最早始源於清光緒二十二年（1896）設立之廣益學會，清光緒三十年七月（1904年8月、9月間）改組更名。以交換智識、研練能力爲宗旨，當時縣內不少有志於地方政事革新之士加入成爲會員。曾於宣統二年七月（1910年8月、9月間）創刊《嘉定學會月報》，刊載會員通訊、及記載會內外事、學務和地方重大事件等；最後幾期並附刊叢刻，刊登先哲遺著等史料。然僅出刊三十三號即因經費不足停刊。〔註240〕

南翔學會於清光緒二十九年閏五月（1903年7月）成立。（南翔隸屬於嘉定縣）成立初期有會員七十多人，以許朝貴爲總幹事，並辦有義務小學，頗有助於南翔地區學務發展。清光緒三十二年四月（1906年4月、5月間）發行《南翔學會月報》，刊載學會各項活動訊息及介紹各國新知爲主，間亦刊載有關會外要聞。《南翔學會月報》發行至十一號時名爲《南翔》，每月出二期，刊載內容逐漸融入地方消息，類似於地方報。其後發行至十七號，復更名爲《南翔月報》，刊內容改以鼓吹倡導地方自治，培養地方自治人才爲主，但僅出刊二期即停刊。〔註241〕

黃渡學友會亦設於嘉定縣內，創立時間及會務活動因缺乏資料記載，無法詳知。惟知其曾於清光緒三十四年（1908）發行《黃渡學友會雜誌》，每月出刊，然發行數量不多且發行時間極短，僅出五號即停刊。〔註242〕

---

〔註238〕王樹槐，〈清末江蘇地方自治風潮〉，《中央研究院近代史研究所集刊》，第六期上（民國65年7月），頁324。

〔註239〕錢祥寶等修：桂邦傑等纂，《續修江都縣志（民國15年刊本）》（臺北市：成文出版社，民國64年，臺一版），卷八下，頁13～14。

〔註240〕陳傳德修：黃世祚纂，《嘉定縣續志（民國19年刊本）》（臺北市：成文出版社，民國64年，臺一版），卷七，頁13。

〔註241〕陳傳德修：黃世祚纂，《嘉定縣續志（民國19年刊本）》，頁13，21～23。

〔註242〕同前註，頁22。

### 三、寧學會、開明會

寧學會於清光緒三十一年（1905）成立於南京。其後改名爲學務公所，以演說爲主，〔註243〕提倡教育。

開明會於清光緒三十二年（1906）在無錫成立，由華玉梁、范承昌、汪邁、陶百壽、華株柱、張志豪、同銘初、竇魯圻等人發起，以改良社會、開通民智爲宗旨，但因會員與光復會頗有聯絡，〔註244〕爲避免引起注意，較少公開活動，亦乏史料佐證。

## 陸、其他方面學會

### 一、旗營生計研究會

旗營生計研究會於宣統二年（1910）由熊信心設立於京口。宗旨在研究旗制變後之旗丁生計。因當時清政府宣布廢八旗制改行新軍，傳統以軍職爲生之旗人，在無法成爲新軍體制下一員時，生活頓成問題。爲解救旗人生計，熊信心等人因而聯合京口、江寧、乍浦、荊州、廣州等處駐防，思設此會以研究將來旗人之生計如何維持。〔註245〕

### 二、報業俱進會

報業俱進會係由汪澎年先生於宣統二年（1910）在江寧設立，〔註246〕雖以學會名義成立，但較類似於今之同業公會，至於其活動及內容則因乏史料，不可考。

### 三、佛學研究會

佛學研究會於宣統二年（1910）成立於南京，以研究佛學爲宗旨。〔註247〕餘則因乏資料，無法詳述。

### 四、蘇州體育會、蘇州蘇商體育會

蘇州體育會由陳伯生於清光緒二十九年（1903）設於蘇州。蘇州蘇商體

---

〔註243〕陳作霖編輯，《金陵通紀（光緒三十三年刊本）》（臺北市：成文出版社，民國59年，臺一版），卷四，頁18。

〔註244〕中華民國開國五十年文獻編纂委員會編，《中華民國開國五十年文獻》，第一編第十二冊，頁173～174。

〔註245〕王爾敏，〈清季學會彙表〉，《晚清政治思想史論》，頁157。

〔註246〕張玉法，《清季的立憲團體》，頁136。

〔註247〕王爾敏，〈清季學會彙表〉，《晚清政治思想史論》，頁135。

育會則由蘇州之商人團體設立，皆以提倡尚武精神，強健體魄爲主。〔註248〕
時人以中國久缺乏武勇精神，再加上吸食鴉片，使國民成爲東亞病夫，爲振
興國力，強國家，故而有體育會之設立。

又值得注意的是，在清緒二十六年（1900）以後，主張反清的革命黨人
在江蘇省組織及利用學會以掩護其革命活動，或招攬吸收同志，並籍此進行
宣傳各種革命活動，以激勵民族精神。如：趙聲、柏文蔚、湯作霖等組織之
強國會，〔註249〕柏文蔚在南京新軍中設立之岳王會，〔註250〕鄭權設立知恥學
社等，〔註251〕這些組織名爲學會，實則爲進行較激烈之革命活動，因此在本
文中未特別論述。

與上海地區相較，江蘇省其它地區學會運動之發展，如前所述，誠不如
上海地區興盛，學會活動表現強烈地方性，缺少像反中美工約風潮之足以掀
起全國性運動的學會，其組織規模亦相當小，多爲地方性，其影響所及亦僅
限於某一特定地區，有強烈的地方色彩，特別是教育會及地方自治會方面表
現特別顯明。

---

〔註248〕張玉法，《清季的立憲團體》，頁 124～125。
〔註249〕中國國民黨中央黨史史料編纂委員會編，《革命先烈先進傳》（臺北：中央文
物供應社，民國 54 年，初版），頁 905。
〔註250〕張玉法，《清季的革命團體》，頁 674。
〔註251〕同前註，頁 676。

# 第四章　江蘇省學會組織功能、活動與發展特色

## 第一節　學會組織功能與活動特色

　　學會是清末知識分子試圖投身於救國運動中自發性的一種集會結社，其組織及活動概以救國為目的，自上海強學會之後，江蘇省各地學會陸續成立，其間除因光緒二十四年（1898）戊戌政變，革新主張一度受挫，致使學會活動暫停三、四年外，至清末（1911）期間，先後有一百多個學會成立，其活動或著重於教育，或倡導西學、或改良社會風氣，或以維護國家利權為宗旨，各有不同，然皆期能透過新式學會運作，結合群力，以改革及促進國家社會文化之發展為目標。茲將江蘇省各學會組織、活動及宗旨彙整列表如下，並做進一步之分析。

表 4-1：江蘇省各學會組織與活動一覽表

| 學 會 名 稱 | 成立時間 | 成立地點 | 宗 旨 | 組 織 與 活 動 | | | | | | |
| --- | --- | --- | --- | --- | --- | --- | --- | --- | --- | --- |
| | | | | 章程 | 主要成員職稱 | 圖書館 | 報紙 | 活動 | 學堂 | 會費 |
| 上海強學會 | 光緒二十一年 | 上海 | 求中國之自強 | ✓ | 提調、董事、坐辦、會辦等 | 擬設 | 強學報 | 擬設博物館 | 擬設 | 捐助 |
| 務農會 | 光緒二十二年 | 上海 | 廣樹藝，興畜牧究新法、濬利源以興農學。 | ✓ | 辦理 | ✓ | 農學報 | 購買農機具 | 擬設 | 募捐 |

| 農學總會 | 成立時間不明 | 上海 | 廣興農學 | | | | | | |
|---|---|---|---|---|---|---|---|---|---|
| 地圖公會 | 光緒二十二年 | 上海 | 繪製中外詳細地圖 | ∨ | | | | | 共同出資 |
| 譯書公會 | 光緒二十三年 | 上海 | 採譯泰西、東切用書籍以饗國人 | ∨ | 總理、協理、英文、法文和日文翻譯 | 譯書公會報 | 翻譯英法文等多種書 | | 共同出資 |
| 集學會 | 成立時間不明 | 上海 | | | | | | | |
| 興會 | 成立時間不明 | 上海 | | | | | | | |
| 實學會 | 光緒二十三年 | 上海 | 採通論、廣譯各報 | | | 實學報 | | | |
| 算學會 | 光緒二十三年 | 上海 | | | | 學算報 | | | |
| 醫學善會 | 光緒二十三年 | 上海 | 講求醫學以救種族 | | | 擬刊醫學報 | 擬設醫院 | 擬設醫學堂 | |
| 蒙學公會 | 光緒二十三年 | 上海 | 提倡幼兒教育及培養幻兒師資 | ∨ | ∨ | 蒙學報 | 擬設譯印書館 | 擬設師範學校 | 捐助 |
| 女學會 | 光緒二十三年 | 上海 | 提倡婦女教育 | | | 擬辦女學報 | | 擬辦女學堂 | |
| 譯印中西書籍公會 | 光緒二十三年 | 上海 | 譯印西書 | | 總理 | | | | |
| 上海印書公會 | 光緒二十三年 | 上海 | 譯印西書 | | | | | | |
| 醫學會 | 光緒二十三年 | 上海 | 研習中西醫理 | | | 醫學報 | 義診送藥 | 設醫學堂 | |
| 東文學社 | 光緒二十四年 | 上海 | 學習日文 | | | | | 東文學社學堂 | |
| 戒纏足會 | 光緒二十三年 | 上海 | 倡導解放纏足 | ∨ | 董事司事 | 擬設婦孺報館 | 刊印宣傳書籍，擬設婦嬰醫院 | 擬設女學校 | 捐助 |
| 戒烟會 | 光緒二十四年 | 上海 | 廣勸戒煙 | ∨ | | | | | |
| 正氣會 | 光緒二十四年 | 上海 | 以文會友，以友輔仁 | | | | | | |
| 亞細亞協會 | 光緒二十四年 | 上海 | 聯絡同洲，開通風氣，研究學術 | ∨ | 正副會長、監會、議員 | 擬設藏書樓 | 擬發行亞洲月刊 | 擬設博物館 | 擬辦學校 | 籌捐 |
| 格致學社 | 光緒二十四年 | 上海 | 講求格致之理 | | | | | | |

| 經濟學會 | 光緒二十四年 | 上海 | 振興學校輔翼富強 | ✓ | | | | | |
| 測量學會（江寧） | 光緒二十三年 | 江寧（南京） | 測量天文地理氣象等新知 | | | | | 練習操縱儀器 | |
| 蒙學會 | 成立時間不明 | 江寧 | | | | | | | |
| 蘇學會 | 光緒二十二年 | 蘇州 | 本中學爲體，西學爲用精神振興人才 | ✓ | 經理、協理、會理 | 擬設藏書器之所 | | 開講學集會 | 擬設講堂 | 每人繳五圓 |
| 勸學會 | 光緒二十四年 | 江寧 | | | | | | | |
| 廣益學會 | 光緒二十四年 | 嘉定 | | | | | | 購買理化書籍、儀器共同研究 | |
| 匡時學會 | 光緒二十四年 | 揚州 | | | | | | | |
| 勵學會 | 成立時間不明 | 蘇州 | | | | | | 設東來書莊 | |
| 白話學會 | 光緒二十四年 | 無錫 | 提倡白話文，以白話乃維新之本 | | 經理 | | 無錫白話報（中國官音白話報） | 擬設白話書局 | 會員自認捐一元以上 |
| 雪恥學會 | 光緒二十四年 | 吳江 | 集合群力激發救國意識 | | | | | | |
| 醫學會 | 光緒二十四年 | 蘇州 | 施診送藥 | | | | | | |
| 鎮江學會 | 光緒二十四年 | 鎮江 | 廣購書籍、采西益中 | ✓ | | | | | |
| 中國教育會 | 光緒二十八年 | 上海 | 倡導教育 | | | | 刊行叢報 | 編輯教科書 | 愛國學社愛國女校 |
| 江蘇教育總會 | 光緒三十一年 | 上海 | 倡導教育 | | 會長、副會長 | | | | 單級學校 |
| 教育研究會 | 光緒三十一年 | 上海 | 研究院教育 | | | | | 成績展覽會 | 體操遊戲傳習所 | 每年繳會費一圓 |
| 上海閭邑學務公會 | 光緒三十一年 | 上海 | 興辦蒙小學教育 | | 會長、副會長、議員、教員 | | | | | 積穀息款 |
| 江蘇私塾改良總會 | 光緒三十一年 | 上海 | 將私塾改良成蒙小學堂之形式 | ✓ | 董事總理、學務、管事司銀、教習 | | | 講授新課程擬設閱書處 | 擬師範傳習所 | 捐款學生繳納 |
| 上海縣教育會 | 光緒三十四年 | 上海 | 提倡教育 | | | | | | |

| | | | | | | | | | |
|---|---|---|---|---|---|---|---|---|---|
| 群學會 | 光緒三十年 | 上海 | 提倡教育研究學術 | 常務委員、經濟委員、組織、文書、庶務、教育、調查、監察 | | | 附設英、日、法文及數學、代數學等研究科 | 義務兩等小學 | |
| 滬學會 | 光緒三十年 | 上海 | 聯合各界研究學術 | | | | 閱書會、體育會 | 義務小學、科學補習夜課 | 月繳半圓 |
| 國學保存會 | 光緒三十年 | 上海 | 研求國學、保存國粹 | ∨ | 藏書樓 | 國粹學報 | 刊刻國粹叢書、國學教科書、博物館 | 擬設國粹學堂 | 捐助 |
| 譯書交通公會 | 光緒三十三年 | 上海 | 交換知識、廣通聲氣、維持公益 | ∨ | | | 代會友訂外洋書籍、譯書 | | 每年繳銀二元 |
| 地方公益研究會 | 光緒三十一年 | 上海 | 研究市政 | | | | | | |
| 競業學會 | 光緒三十二年 | 上海 | | | | 競業白話旬報 | | | |
| 春陽社 | 光緒三十三年 | 上海 | 研究戲劇 | | | | | | |
| 麗則吟社 | 光緒三十三年 | 上海 | 詩文唱和 | | | | | | |
| 神州國光社 | 光緒三十四年 | 上海 | 發揚國光、提倡美術 | | | | 神州國光集 | | |
| 豫園書畫善會 | 宣統元年 | 上海 | 提倡書畫，發揚國粹 | ∨ | | | 出「上海墨林」一書 | | 月繳銀半圓 |
| 上海書畫研究會 | 宣統二年 | 上海 | 提倡、承接書畫 | 總理、協理、庶務協董、司事 | ∨ | | 每月書畫雅集 | | 會董每月捐助二元 |
| 南社 | 宣統元年 | 上海 | 提倡文學救國 | 編輯、會計、書記、庶務 | | | 雅集、南社 | | 損助 |
| 世界語學會 | 光緒三十四年 | 上海 | 研究語文學 | | | | | | |
| 世界語學社 | 宣統元年 | 上海 | 教授世界語 | | | | | | 月繳三分 |
| 文學會 | 成立時間不明 | 上海 | 開通下等社會，激發愛國心 | | | | | | |
| 競義社 | 成立時間不明 | 上海 | 研究新式戲劇 | | | | | | |

| 中國天足會 | 成立時間不明 | 上海 | | | | 天足會報 | | |
|---|---|---|---|---|---|---|---|---|
| 進行團 | 成立時間不明 | 上海 | 研究新劇改良社會 | | | | | |
| 全國教育聯合會 | 宣統三年 | 上海 | 討論教育計畫 | | | | | |
| 上海協助亞東遊學會 | 光緒二十八年 | 上海 | 選送學生留日本 | | | | | |
| 實球中國學生會 | 光緒三十一年 | 上海 | 職業介紹‧指導升學 | | | 實球中國報 | 職業介紹指導、公開演講 | 兩級小學打字專科英文夜校 |
| 上海青年全國協會 | 成立時間不明 | 上海 | | | | 青年雜誌 | | |
| 留美中國學生會 | 成立時間不明 | 上海 | | | | 留美學生年報 | | |
| 中國學界聯合會 | 宣統三年 | 上海 | 聯合學界，救己中國 | | | | | |
| 上海少年會 | 宣統三年 | 上海 | | | | | | |
| 旅滬福建學生會 | 光緒二十九年 | 上海 | | | | | | |
| 中國女子國民會 | 宣統三年 | 上海 | 改良家庭之習俗‧倡導女子天職 | | | | | |
| 世界女子協會 | 宣統三年 | 上海 | 聯絡女界情誼、振興女權 | | | | | |
| 國學扶論社 | 成立時間不明 | 上海 | | | | 印舊書，編詩文集 | | |
| 浙江旅滬學會 | 成立時間不明 | 上海 | | | | | | |
| 國學研究會 | 成立時間不明 | 上海 | | | | 國學叢刊 | | |
| 中華學會 | 成立時間不明 | 上海 | | | | 蒙學畫報 | | |
| 醫學會 | 光緒三十年 | 上海 | 研究中學醫理 | | | | | |
| 中華醫學會 | 成立時間不明 | 上海 | | | | | | |
| 中國醫學公會 | 成立時間不明 | 上海 | | | | 醫學公報 | | |
| 崇實商學會 | 光緒三十二年 | 上海 | 研究商學 | | | | | |
| 商學公會 | 成立時間不明 | 上海 | | | | | | |

| 商業研究會 | 成立時間不明 | 上海 | | | | | | | |
|---|---|---|---|---|---|---|---|---|---|
| 鐵路研究會 | 光緒三十一年 | 上海 | | | | | | | |
| 鐵路聯合會 | 成立時間不明 | 上海 | 聯絡情誼研究學術 | | | | | | |
| 中國工程學會 | 成立時間不明 | 上海 | | | | 年報 | | | |
| 四民公會 | 成立時間不明 | 上海 | 合四民之力以救國 | | | | | 演講 | 設中等學校一所 |
| 人鏡學社 | 光緒三十一年 | 上海 | 反對中美工約 | | | 保工報 | | 演說 | |
| 公忠演說會 | 光緒三十一年 | 上海 | 反對中美工約 | | | | | 演講 | |
| 文明拒約社 | 光緒三十一年 | 上海 | 反對中美工約 | | | | | 演說 | |
| 義憤社 | 光緒三十一年 | 上海 | 反對中美工約 | | | | | 演講 | |
| 工人和平社 | 光緒三十一年 | 上海 | 反對中美工約 | | | | | 集會演講 | |
| 江浙協會 | 光緒三十三年 | 上海 | 堅拒外款，商辦鐵路 | | | | | | |
| 安徽路礦公會 | 光緒三十三年 | 上海 | 保路 | | | | | 集會演講上書 | |
| 上海學商公會 | 成立年代不明 | 上海 | 聯絡感情交換知識 | | | | | 演講、施醫給藥 | 商業補習夜校 |
| 江浙保路會 | | | 保路 | | | | | | |
| 女界保路會 | 光緒三十三年 | 上海 | 保路 | | | | | | |
| 路礦聯合共濟會 | 光緒三十四年 | 上海 | 反對借款築路開礦 | | | | | | |
| 粵路共濟會 | 宣統元年 | 上海 | 保路 | | | | | | |
| 籌還國債會 | 宣統元年 | 上海 | | | | | | | |
| 浙路維持會 | 宣統二年 | 上海 | 保全鐵路商務取消逾限合同 | | | | | | |
| 四川旅滬保路同志會 | 宣統三年 | 上海 | 反對鐵路國有 | | | | | | |

| 名稱 | 成立時間 | 地點 | 活動 | 職員 | | 會長 | 刊物 | 出版 | | |
|---|---|---|---|---|---|---|---|---|---|---|
| 中國國民總會 | 宣統三年 | 上海 | 支援中俄交涉 | | | | | | | |
| 全國商團聯合會 | 宣統三年 | 上海 | 保國衛民 | | | | | 擬組義勇隊 | | |
| 地方自治研究會 | 光緒三十二年 | 上海 | 研究地方自治 | | | | | | | |
| 憲政研究會 | 光緒三十二年 | 上海 | 研究憲政 | | | | 時報 | | | |
| 預備立憲公會 | 光緒三十二年 | 上海 | 鼓吹立憲 | 會長、副會長、會董、名譽會董、庶務書記、會計、編輯 | ∨ | 會長 | 預備立憲公會報 | 演講、上書、出版立憲與地方自治方面書籍 | | |
| 國會請願同志會 | 宣統元年 | 上海 | 請速開國會 | | | | | | | |
| 各省諮議局聯合會 | 宣統二年 | 上海 | | | | | | | | |
| 婦女宣講會 | 成立時間不明 | 上海 | | | | | | | | |
| 惜陰會 | 成立時間不明 | 上海 | | | | | 社會雜誌 | | | |
| 勵恥社 | 光緒三十一年 | 鎮江 | 反對中美工約 | | | | | | | |
| 世界拒約社 | 光緒三十一年 | 蘇州 | 反對中美工約 | | | | | | | |
| 開明會 | 成立時間不明 | | 開通明智 | | | | | | | |
| 女界保路會(蘇州) | 光緒三十三年 | 蘇州 | | | | | | | | |
| 中國農會 | 成立時間不明 | 嘉定 | | 幹事長、評議員、調查員、書記 | | | | | | |
| 甘泉農學總會 | 光緒三十三年 | 江都 | 研究農務 | | | | | | | |
| 全國農務聯合會 | 宣統二年 | 江寧 | 研究農學 | | | | | | | |
| 蘇州體育會 | 光緒二十九年 | 江寧 | 提倡尚武精神 | | | | | | | |
| 蘇州蘇商體育會 | 成立時間不明 | 蘇州 | 提倡尚武精神 | | | | | | | |

| 新陽講學會 | 光緒二十九年 | 新陽 | 研究學術 | | | | | | |
| 嘉定學會 | 光緒三十年 | 嘉定 | 交換知識研練能力 | | | 嘉定學會月報 | | | |
| 南翔學會 | 光緒三十年 | 嘉定 | | | | 南翔學會月報，南翔，南翔月報 | | | |
| 黃渡學友會 | 成立時間不明 | | | | | 黃渡學友會雜誌 | | | |
| 寧學會 | 光緒三十一年 | 江寧 | | | | | 演說 | | |
| 長元吳三縣教育會 | 光緒三十三年 | 蘇州 | 提倡教育 | | | | | | |
| 京口教育會 | 光緒三十三年 | 京口 | 提倡教育 | | | | | | |
| 法政研究會 | 光緒三十三年 | 揚州 | 研究政治地方自治 | | | | | | |
| 常熟地方自治會 | 光緒三十三年 | 常熟 | 研究地方自治 | | | | | | |
| 揚州自治會 | 成立時間不明 | 揚州 | 研究地方自治 | | | | | | |
| 青浦自治期成會 | 光緒三十四年 | 青浦 | 研究並促進地方自治 | | | | | | |
| 寶山地方自治會 | 光緒三十三年 | 寶山 | 研究地方自治 | | | | | | |
| 南匯地方自治期成會 | 光緒三十四年 | 南匯 | 促進地方自治 | | | | | | |
| 武進自治期成會 | 光緒三十三年 | 武進 | 養成自治人才 | | | | | | |
| 宜荊地方自治研究會 | 光緒三十四年 | 宜興 | 研究地方自治 | | | | | | |
| 蘇州地方自治研究會 | 光緒三十三年 | 蘇州 | 研究地方自治 | | | | | | |
| 昭文地方自治會 | 光緒三十二年 | 昭文 | | | | | | | |
| 佛學研究會 | 宣統二年 | 江寧 | 研究佛學 | | | | | | |
| 商學會 | 成立時間不明 | 江寧 | | | | | | | |
| 南洋勸業會研究會 | 成立時間不明 | 江寧 | | | | | 舉行賽會 | | |

| 旗營生計研究會 | 宣統二年 | 阜寧 | | | | | | | |
|---|---|---|---|---|---|---|---|---|---|
| 報業俱進會 | 宣統二年 | 江寧 | | ✓ | | | | | |
| 諮議局研究會 | 宣統元年 | 江寧 | 研究諮議局事務 | | | | | | |
| 預算維持會 | 宣統三年 | 江寧 | 維持江蘇省諮議局預算經費 | | | | | | |
| 寶山地方自治研究會 | 光緒三十三年 | 寶山 | 為預備立憲建立地方自治基礎 | | | | | | |
| 寶山縣教育會 | 光緒三十三年 | 寶山 | 研究教育活動 | ✓ | | | 議決勸學所經費 | | |
| 江都縣教育會 | 光緒三十二年 | 江都 | 推廣教育 | | | | 在各鄉鎮設事務所 | | 會員捐助 |
| 沛縣教育會 | 光緒三十三年 | 沛縣 | 推廣教育 | | | | | | 官給年經費四千文 |
| 青浦縣教育會 | 光緒三十三年 | 青浦 | 研究發展教育 | | | | | | 勸學所助錢五百千文 |
| 丹陽縣教育會 | 光緒三十三年 | 丹陽 | 研究發展教育 | | | | | | |
| 鎮洋縣教育會 | 光緒三十三年 | 鎮洋 | 提倡教育 | | | | | | |
| 金壇縣教育會 | 光緒三十二年 | 金壇 | 發展教育 | | | | 設有研究會 | | |
| 宜荊縣教育會 | 宣統元年 | 宜興 | 研究教育 | ✓ | | | | | |
| 銅山縣教育會 | 光緒三十一年 | 銅山 | 研究教育 | | | | | | |
| 嘉定縣教育會 | 光緒三十三年 | 嘉定 | 發展教育 | | | | 審定教科書，運動會 | 單級教授練習所 | |
| 阜寧縣教育會 | 光緒三十三年 | 阜寧 | 研究促進教育發展 | | | | | | |
| 川沙縣教育會 | 宣統二年 | 川沙 | 研究發展教育 | | | | | | |
| 蘇州教育會 | 成立時間不明 | 蘇州 | 發展教育 | | | | | | |
| 對俄同志會 | 光緒二十九年 | 上海 | 拒俄 | | | | 演講 | | |
| 對俄女同志會 | 光緒二十九年 | 上海 | 拒俄 | | | | 演說 | | |

| 社會主義研究會 | 宣統三年 | 上海 | 研究社會主義 | | | | |
|---|---|---|---|---|---|---|---|
| 上海中國保界分會 | 宣統三年 | 上海 | 保界拒外 | | | | |
| 江都縣學會 | 光緒三十一年 | 江都 | 研究學術 | | | | |

資料來源：依據第二、第三章資料彙整而成。

上表係將清末江蘇省計有一百五十九個〔註1〕學會的成立時間、地點、章程、宗旨及組織活動彙整而成。依據表列，茲歸結分析其特色如下：

## 一、多元取向的學會發展

整體觀察顯示，清光緒二十四年（1898）戊戌政變前所設立的學會，大致上可分爲以下幾類：

（一）介於學術和政治之間的學會，如上海強學會、亞細亞協會等。這一類型的學會基本上較隨著當時的政治氣候變遷而有所更迭，如因政府的公開或暗地的支持，即時設立且蓬勃發展，戊戌政變前在北京、湖南等地區言類的學會先後成立數個，會員人數並曾達百人以上；〔註2〕但在江蘇省或因江蘇省民性較爲溫和，〔註3〕或因社會民情較重經濟貿易與社會發展，此類學會於此期成立的數量並不多。

（二）屬於改良社會風俗的學會。或由於江蘇省開港較早，與西方接觸面向較廣，社會風氣較爲開放，因此這類學會在此時立者不在少數，如：戒纏足會、戒烟會、正氣會、雪恥會等，期經由各種活動及宣傳，讓民眾認識了解纏足、吸食鴉片等行爲不僅危害個人，甚且傷害國家民族之發展，希望能革除惡習並重建具新知識、新道德的新國民，對江蘇省革除傳統舊習及其

---

〔註1〕 若再加上革命派組織之岳王會、神交社之類學會，則有一百六十個以上。

〔註2〕 湖南省學會運動以南學會爲首，南學會具有地方議會之性質。北京則因係國都，較多知識分子期能於此推動政治改革，如康有爲之設北京強學會、保國會皆具有政治上之目的，可參考梁啓超，《戊戌政變記》，頁137；佚名，《戊戌變法檔案史料》，四，頁253；王爾敏，〈南學會〉，《晚清政治思想史論》，頁101～133；張玉法，《清季的立憲團體》，頁206～219；周麗潮，《湖南開民智運動（1895～1911）》（臺北市：國立政治大學歷史研究所碩士論文），頁76～87；等之論述。

〔註3〕 王樹槐，〈江蘇民性與政治革新運動〉，《中央研究院近代史研究所集刊》，第七期（臺北市：中央研究院近代史研究所，民國67年6月），頁67。文中認爲以江蘇省早開風氣，於政治變革立場上理應偏向革命，但是由於民性較溫和、理智、甚不願政治、社會變遷過激，如遇有政治運動，所採取的立場，保守的成分居多。

現代化具有承先啓後之作用。

（三）具啓蒙教育性質之學會，如：蒙學會、女學會，期經由幼兒教育、婦女教育，培育具新知識觀念的幼兒及婦女，並使婦女能夠在正確觀念下養育健全成長之新一代。

（四）提倡學術文化及西學之學會，如：集學會、算學會、實學會、務農會、譯書公會、測量公會等。這類學會的設立，顯然學會倡導者已承認西學有其優點，而欲取法西學新知以補中國在世界知識上的不足，進而開啓國人對提倡自然科學的風氣，〔註4〕多少已改變了視科技工藝爲奇技淫巧，末流之途的觀念；然風氣開通非一日之功，全變而忘卻根本亦非正道，因此有另一主「中學爲體，西學爲用」的學會出現，如蘇學會之提倡儒學，這類學會的出現，顯示學會連動除了著重於溫和的社會改革及啓蒙教育，但並未廢棄中學之傳統，此在清光緒二十六年（1900）以後學會發展爲維護中學而設的國學保存會之類中表現更爲明顯。

清光緒二十六年（1900）以後教育的學會，較之前期，其性格則顯得多而複雜。除了前述的三大類學會類型外，尚有教育、農工商、外交與爭取利權、立憲與地方自治，以及學生和婦女等方面的學會。

（一）教育方面學會。清光緒二十六年之後，中國國內對於建立新式教育體制，培育國民新知，已形成共識，認爲捨此國家將無法富，因此強此期江蘇省成立二十三個以上屬於教育類的學會，希望藉由教育研究推廣新式教育，達到提升人民智識之目標，特別是在清光緒三十二年（1906）學部頒布《教育會章程》之後，江蘇省各縣市至少有十六個教育會的成立，除了配合政府成立教育會行政運作外，並從事教育研究，對於民國成立後新式教育體制的建立，有一定的影響。

（二）農工商方面學會。清末江蘇省學會發展過程中，由於交通地理位置便利，自清末開放通商之後，迅速成爲中國與世界往來經濟貿易最重要的地區，因此在清末成立農工商部，令各省成立農工商會之後，江蘇省各地的農、工、商學會紛紛立，總計光緒二十六年以後江蘇省至少成立十三個以上這方面的學會，對江蘇省農工商業的推動有其一定的助益。

（三）外交與爭取利權方面學會。清光緒二十六年義和團事變、八國聯

---

〔註 4〕潘君祥，〈戊戌維新與我國近代科技的發展〉，載於李沛城編，《中國近代史百題》（長沙市：湖南人民出版社，1983 年，第一版），頁 527～531。

軍之後，中國再度戰敗，庚子和約的簽訂，爲數龐大的賠款、國家利權的喪失與亡國滅種的危機，反而激發人民民族主義的高漲，促使廣大的群眾意識到團結救國的重要。因之，爲維護領土完整與國家主權的獨立，拒外、保路、保礦等方面學會紛紛在各地成立，此時江蘇省拒外爭取利權的學會至少有十四個以上，顯示這是一種「民族受挫折的群體情緒的外顯化」，〔註 5〕也是群眾覺醒的一種表現，而維護利權及拒外的學會就成爲其聚集群眾力量的最佳活動場所。

（四）立憲與地方自治方面學會。從庚子事變以後，清廷決心立憲圖強，欲立憲則必須民眾知識程度夠，並以地方自治爲基礎，因之清廷諭令全國必須廣興教育及實行地方自治，做爲預備立憲之準備，〔註 6〕於是爲發展地方自治而興設的有關立憲及地方自治研究會就顯得多。至清末，江蘇省各縣市因立憲與地方自治成立的學會至少有十七個以上，除顯示這類學會是清末知識分子推展立憲的與地方自治的重要手段之一外，亦充分展現立憲與地方自治思潮的發展脈絡。

（五）學生和婦女方面的學會。清末學會發展的另一特色是以青年、學生及爲伸張女權爲中心等這類學會的興起。這些學會的出現，顯示此一時期部分知識分子已意識到在國家發展、富國強兵過程中，社會上的青年、學生、婦女智識的提升是不可或缺的一部分，而部分青年、學生及婦女在接觸新式教育之後，亦意識到貢獻一己之力於社會之重要性，漸漸從只知八股章義的象牙塔、及以血緣家族爲中心的傳統社會體制中走出，而趨向於社會性的群體意識之結合。但也因集會演講所形成的民氣易造成變亂，而引起政府的疑慮，因此這類的學會常常遭到封禁的命運。

再依據清末江蘇省成立之學會宗旨、性質類別區分，清末江蘇省學會主要可分爲教育、學術藝文、改良風俗、農工商、外交及爭取利權、改革立憲及地方自治、青年學生及婦女等幾類。其中學術藝文類所佔比例最多，至少有 59 個；其次是教育類和外交及爭取利權類，分別爲 23 及 22 個；再次改革立憲及地方自治類，有 20 個。（詳表 4-2）

---

〔註 5〕郭正昭，〈社會達爾文主義與晚清學會運動〉，《中央研究院近代史研究所集刊》，第三期下（臺北市：中央研究院近代史研究所，民國 61 年 12 月，初版），頁 600。

〔註 6〕〈出使俄國大臣胡惟德奏請頒行地方自治制度摺〉，載於佚名編，《清末籌備立憲檔案史料》（臺北市：文海出版社，民國 72 年，景印初版），頁 714～716。

表4-2：清末江蘇省學會分類數量表

| 類　　　　別 | 數　　量 |
|---|---|
| 教育類 | 23 |
| 學術藝文類 | 59 |
| 改良風俗類 | 5 |
| 農工商類 | 15 |
| 外交及爭取利權類 | 22 |
| 改革立憲及地方自治類 | 20 |
| 青年學生及婦女 | 10 |
| 其他 | 5 |
| 合計 | 159 |

資料來源：依據表4-1分類統計而成。

　　從前表所列及類別性質、數量比重顯示，學術藝文、教育所占比例最多，基本上是和清末士紳期望能經由學會開啓民智、教育民眾和合群力救國的目標一致的。而在變法改革的氛圍下，無形中集結了部分主張改革人士在江蘇省致力於發展青年學生或婦女權益等措施，促使當地民智漸開，青年學生及女子接受教育機會漸增，因此可以看到在各類的學會中開始出現以青年學生和婦女權益爲中心的組織。同時，維護外交及經濟利權及推動立憲、地方自治的學會所占比例達 28%以上，亦充分顯示上海及江蘇省各地的群體意識與民族情緒頗爲高漲。

　　總之，清末江蘇省學會依其發展分成兩期，與光緒二十四年戊戌政變前成立的學會相較，如算學會、蒙學會等提倡西學及啓蒙性的學會，在光緒二十六年之後顯得較少，相對的教育、地方自治，爭取利灌方面之學會則較多。此並非不再重視西學，而是當時社會與政治思潮重心已從倡導宣傳方面之學會則較多。此並非不再重視西學，而是當時社會與政治思潮重心已從倡導宣傳變革落實於實際的改革行動之上。

## 二、活動內容多樣化

　　在章程的訂定方面，清光緒二十四年（1898）前成立者，訂定章程且有案可考者較多，但是據以施行者不多。大部分學會會員人數不多，從三、五

位到數十位，組織規模並不大，活動內容及範圍亦多止於集會座談發抒救國情懷，極少進行大規模活動。光緒二十六年（1900）之後成立者，訂定章程且有案可考者比例反而較低，但是部分學會會員人數較多，從數十位到數百位，並具一定之組織規模，活動內容及範圍亦從集會座談發抒救國情懷、發行各種刊物宣傳理念主張，到進行演說、發動較大規模集會活動等。

從組織內容觀察，光緒二十四年（1898）前成立的學會，其組織與中國傳會社較近，職員名稱如：提調、董事、總理、協理、司事等，尚不能脫離傳統之職稱。清光緒二十六年（1900）以後成立的學會，其組織及幹部名稱則較具近代性，如：會長、副會長、總務、庶務、會計、董事、文書等之類職稱，已漸採取近代西方會社職員名稱。就此而言，顯示學會在制度上一種因革。新名稱的出現代表著新觀念的滲入，學會在職稱上的改變，顯現其組織功能上的改變。同時也表現其與社會之密不可分。

從前表觀察，基於晚清江蘇省各種學會設立目的大多為開啓民智，富強中國，培養新國民為主，因此活動之取徑大部分以設學校、興設圖書館、辦報、創博物館、購買圖書儀器等為主；而至清光緒二十六年（1900）之後，則因為拒外、保路、保礦等維護國家主權團體的出現，並以集會、演講等活動為主，藉以宣揚民族情緒及團結合群力救國意識。

學會運動的本質是一種救亡運動，含有開啓民智之功能，圖書館之廣設，報紙的傳播知識，學校教育之養成人才正是開啓民智最佳途徑。鄭觀應在觀察西方富強之道時，發現西方各國為提升民智，於全國廣設圖書館，鼓勵民眾閱讀，因此在其於清光緒十八年（1892）印行之《盛世危言》一書中，即曾暢論歐洲各國廣設圖書館及藏書數之多，足供全國各地人民閱讀，普遍增長民智，反觀中國幅員廣大、人口眾多，但是各地藏書數量卻有限，不足以遍惠士林。〔註7〕其時中國士紳亦多有此共識，因之大學士孫家鼐於清光緒二十二年（1896）在奏〈官書局開設緣由〉一文中，認為發展教育為提升國人智識之途，而開報館、設立圖書館則為其取徑，因此明白指出「教育人才在設學校、新聞報館、圖書館等」。〔註8〕而侍郎李端棻則提出以「中學為主為體，西學為輔為用」的教學主軸，疏請於中央設立京師大學堂，於各省府、

---

〔註7〕 鄭觀應，《盛世危言增訂編》（臺北：臺灣學生書局，民國54年），新一冊，卷二，頁51～53。
〔註8〕 〈官書局開設緣由〉，《時務報》，第一冊（光緒二十二年七月一日），頁718。

州、縣遍設學堂，並應廣設藏書樓、儀器院、開譯書局、廣立報館、選派遊歷等。〔註9〕

　　再進一步觀察，戊戌政變前成立的學會，各類活動以興辦報刊最多，報紙及刊物是當時傳播知識、輿論最好的媒介，將學會的宗旨主張刊載於報紙或刊物，發行於市面，不僅可以獲得廣大士紳民眾閱讀回響，並藉此將新知識、新觀念散佈至各個角落。

　　學會、報紙和學校是緒二十年（1894）以後主張變法開民智運動者所提倡的，學會組織又包含報紙、學校，顯示學會具有某種程度上廣泛的功能及其與變法運動之不可分的關係。〔註 10〕因此，除了興辦報刊外，興設學校、開辦圖書館、設立博物館、購買各種器具、儀器、書籍以供科學研究之用，以及譯印西書、設醫院等，亦是學會主要的活動。概言之，學會所舉辦的活動，基本上舉凡是有益於社會者，學會創設辦者皆願意去嘗試，特別是對西學新知的介紹。

　　至於清光緒二十六年（1900）以後的學會活動，除了前述各種活動外，由於此時民眾的國家及民族意識觀念漸強，而列強對中國的鯨吞蠶食已至非自救不足以圖存地步，爭取利權等學會團體漸增，為鼓吹民眾共聚一堂，凝聚共識，以集體力量共同排外，因此集會、演說等活動就較多且頻繁。此舉，顯示學會已從靜態的活動，轉而訴諸於動態且直接的宣傳活動；同時落實體現成立學會，合群力以開啟民智、救國家的目標，透過結合群眾力量，關注旒有關外交及爭取利權等拒外、保路、保礦等方面的活動之上，讓列強意識到中國人民對國家的認同與團結的力量，達到所謂「欲合群心，聯群身、開群智、振群氣、造群材、達群情、舍學會其末由」〔註11〕的目的。

## 三、經費來源不足

　　經濟來源是任何一個人或團體長久持續的條件之一，以清末江蘇省鄰海、位居中國南北交通要衝，經濟貿易發達，生活水平較高情形來看，理論上學會經費來源應較充足，但是從現存的資料中顯示，僅有 22 個學會有規定學會活動經費來源，其餘因乏資料，無法詳細了解，顯然各個學會的經濟來源並不穩定。

〔註 9〕〈李侍郎端棻請推廣學校摺〉，《時務報》，第六冊（光緒二十二年八月二十一日），頁 5～8。

〔註10〕深沢秀男，〈變法運動と學會〉，（上），《日本四國學院大學論集》，十三（1968年 3 月），頁 83。

〔註11〕〈沅州南學分會啟〉，載於唐才常等撰、覺睡齋主人纂輯，《湘報類纂》（臺北市：臺灣大通出版社，民國 57 年），甲集上，頁 14。

　　以 159 個學會觀察，有章程規範明定經費來源者僅數個，其中規定會員必須繳納固定會費的只有少數幾個學會，其它多為捐助，或未註明其經費來源。其間雖然有某些學會有官員們的捐助，如：上海強學會，張之洞曾捐資一千五百兩；或教育會、地方自治會等有地方士紳部分財力的支持；但學會本身既需開辦學校、報館、圖書館，又要譯印書籍，又需進行各種宣傳活動，缺少固定經費來源，無疑的會使學會存續受到抑挫。

　　另一方面，經費之不足亦顯示學會組織不夠健全，對於會員的約束力不夠，與現代具有嚴密組織、固定經費的會社相較，顯示這些學會尚屬過渡性，有待進一步的改進。

　　大體而言，清末江蘇省學會之特色，早期以啟蒙、改良社會風俗及倡導西學為主，晚期則與民族主義、國權意識、群體意識，及立憲主張等各種觀念結合，而以教育、拒外、爭取利權及地方自治方面的學會為多；同時新一代的青年學生及婦女更利用學會以團結和伸張其權利，並進行各種救國活動，尤其是宣統年間，這一類的學會特別多，更有與革命派結合者。

# 第二節　學會領導階層之特色

## 一、前期學會領導階層

　　江蘇省學會運動初期的發展，除湖南、北京以外，為全國最蓬勃之區。〔註 12〕尤其是上海，為全國首善，人文薈萃之區，集全國之菁英，除了江蘇省地方士紳倡導外，許多旅滬各省人士亦成為學會倡導者，更有一學會興起，各省有識之士遙相唱和者。然因此時是初次接觸到西方集會結社觀念，學習建立一有組織的團體，彼此基於共同理想而思合群以實現其富強國家之期望，故而參加分子並沒有很詳細的會員名冊，即偶而有之，亦因種種因素而毀損，如戒纏足會，〔註 13〕即因會員名冊散失而無從得知。同時，有些學會之倡導者亦因缺乏資料而不詳，故僅能就有資料可查之學會領導者資歷

〔註12〕張玉法，《清季的立憲團體》，頁 199～206，列舉六十三個學會中湖南省有十七個，北京十七個，江蘇省則有十七個，顯示其活動之頻繁。

〔註13〕丁文江，《梁任公先生年譜長編初稿》（臺北市：世界書局，民國 61 年），頁 38；汪詒年，《汪穰卿（康年）先生傳記遺文》，卷五，頁 6；皆載戒纏足會會址在大同書局，但戊戌政變大同書局被封閉，戒纏足會因之停辦，會員冊籍亦遂散失。

排比，並列舉幾位較著名之學會倡導者主張，以了解時人創立學會之根本用意及其救國思想。

　　茲將江蘇省前期重要學會負責人之資歷排比列表如下：

表 4-3：江蘇省前期學會重要負責人一覽表

| 姓　名 | 字　號 | 籍　貫 | 出　身 | 與學會之關係 |
|---|---|---|---|---|
| 丁梅軒 | | 江蘇無錫 | | 白話學會 |
| 孔昭晉 | | 江蘇吳縣 | | 蘇學會 |
| 文廷式 | 芸閣、道希 | 江西萍鄉 | 進士、翰林院侍讀學士 | 亞細亞學會 |
| 王仁俊 | 扞鄭、幹臣 | | | 實學會、譯印西書公會 |
| 王季烈 | | | | 格致學社 |
| 王秉恩 | 雪城 | 四川華陽 | 進士 | 地圖公會 |
| 王贊卿 | | 江蘇無錫 | | 白話學會 |
| 包天笑 | | 江蘇蘇州 | | 勵學會 |
| 包叔勤 | | 江蘇蘇州 | | 勵學會 |
| 左孝同 | 子異 | 湖南湘陰 | 欽賜舉人、候補道 | 上海強學會 |
| 朱之榛 | 竹石 | | 觀察 | 上海強學會 |
| 朱祖榮 | 闓楎 | 江蘇如皋 | | 務農會 |
| 何嗣焜 | 眉孫、定荐 | 江蘇武進 | 諸生、知府 | 亞細亞學會 |
| 何樹齡 | 易一 | 廣東三水 | | 上海強學會 |
| 吳樵 | 鐵樵 | 四川達縣 | 吳德瀟之子 | 戒纏足會、上海強學會 |
| 吳仲弢 | | 四川達縣 | 吳鐵樵之弟 | 醫學善會 |
| 吳宗濂 | 挹清 | 江蘇嘉定 | 京師同文館畢業、英法德奧留學監督 | 譯書公會 |
| 吳德瀟 | 筱村、季清 | 四川達縣 | 孝廉、知縣 | 地圖公會、上海強學會 |
| 吳蔭階 | | 江蘇無錫 | | 白話學會 |
| 岑春煊 | 雲階 | 廣西西林 | 舉人、太僕寺少卿、署大理寺正卿 | 上海強學會 |
| 志鈞 | 仲魯 | 滿洲鑲紅旗 | 進士 | 地圖公會、上海強學會 |
| 李叔良 | | 江蘇蘇州 | 秀才 | 勵學會 |
| 沈瑛 | | | | 女學會 |
| 沈敬學 | 習之、悅庵 | | 曾充端方幕僚 | 醫學會 |
| 沈瑜慶 | 愛滄、靄滄、濤園 | 福建侯官 | 舉人、江南候補道 | 上海強學會 |

| 汪康年 | 穰卿 | 浙江錢塘 | 進士、內閣中書，張之洞幕僚 | 上海強學會、蒙學公會、戒纏足會、東文學會、正氣會、格致學社 |
|---|---|---|---|---|
| 汪隸卿 | | 江蘇蘇州 | 秀才 | 勵學會 |
| 邱震 | | | | 格致學社 |
| 孫玉仙 | | | | 上海強學會 |
| 孫直齋 | | | | 醫學會 |
| 容閎 | 純甫 | 廣東香山 | 江蘇候補道 | 正氣會 |
| 徐勤 | 君勉 | 廣東三水 | | 上海強學會 |
| 徐建寅 | 仲虎 | 江蘇無錫 | 曾任職天津機器局、山東機器局、福州船政局 | 格致學社 |
| 徐華封 | | | | 格致學社 |
| 徐慶沅 | | | | 格致學社 |
| 徐樹蘭 | 仲凡、檢盦 | 浙江會稽 | 舉人、兵部郎中 | 務農會 |
| 祝伯蔭 | | 江蘇蘇州 | 秀才 | 勵學會 |
| 馬仰禹 | | 江蘇蘇州 | | 勵學會 |
| 馬善子 | | | | 上海強學會 |
| 屠守仁 | 梅君 | 湖北孝感 | 以翰林院編修轉御史 | 上海強學會 |
| 康有為 | 長素、祖詒 | 廣東南海 | 進士、工部主事 | 上海強學會 |
| 康有溥 | 幼博、廣仁 | 廣東南海 | 曾於浙江任小吏、闈差 | 戒纏足會 |
| 張謇 | 季直 | 江蘇南通 | 進士、翰林院修撰 | 上海強學會、務農會 |
| 張一麐 | 仲仁 | 江蘇元和 | 進士、直隸候補知縣 | 蘇學會 |
| 張之洞 | 香濤、孝達 | 直隸南皮 | 進士、時署兩江總督 | 上海強學會 |
| 張通典 | 伯純 | 湖南湘鄉 | 江南水師學堂提督 | 戒纏足會 |
| 張壽波 | 王濤 | 廣東香山 | | 戒纏足會 |
| 梁啟超 | 卓如、任公 | 廣東新會 | 舉人 | 醫學善會、戒纏足會 |
| 梁鼎芬 | 星海 | 康東番禺 | 進士、翰林院編修、主持江寧「鐘山書院」。 | 上海強學會 |
| 陳三立 | 伯嚴 | 江西義寧 | 進士、吏部主事 | 地圖公會、上海強學會 |
| 陳去病 | 巢南、佩忍 | 江蘇吳江 | 留日 | 雪恥學會 |
| 陳慶年 | | | | 鎮江學會 |
| 陳寶琛 | 伯潛 | 福建閩侯 | 內閣學士 | 上海強學會 |
| 陸春江 | | | 觀察 | 上海強學會 |
| 章鈺 | 堅孟 | 江蘇長洲 | 進士、外務部一等祕書 | 蘇學會 |
| 章炳麟 | 太炎 | 浙江餘杭 | | 上海強學會 |

| 麥孟華 | 孺博、蛻菴 | 廣東順德 | 舉人 | 戒纏足會 |
|---|---|---|---|---|
| 喬樹枏 | 茂萱 | 四川華陽 | 舉人，刑部主事 | 上海強學會 |
| 曾廣詮 | 敬貽 | 湖南湘鄉 | 曾國藩之姪 | 蒙學公會 |
| 湯紫驥 | | 江蘇蘇州 | | 勵學會 |
| 華世芳 | | | | 格致學社 |
| 華蘅芳 | 畹香、若汀 | 江蘇無錫 | 數學家 | 格致學社 |
| 黃守恒 | | 江蘇嘉定 | | 廣益學會 |
| 黃受謙 | | | | 格致學社 |
| 黃桓伯 | | | | 鎮江學會 |
| 黃紹第 | 叔頌、叔鏞 | 浙江瑞安 | 進士、翰林院編修 | 上海強學會 |
| 黃紹箕 | 仲弢、漫庵 | 浙江瑞安 | 進士、翰林院編修 | 上海強學會 |
| 黃瑾娛 | | | 康廣仁之妻 | 女學會 |
| 黃曉圃 | | | | 上海印書公會 |
| 黃遵憲 | 公度 | 廣東嘉應 | 舉人、新加坡總領事、湖南按察使 | 上海強學會 |
| 黃體芳 | 漱蘭 | 浙江瑞安 | 進士、兵部左侍郎 | 上海強學會 |
| 楊子勤 | | | | 上海強學會 |
| 楊文會 | 仁山 | 安徽石棣 | | 測量學會 |
| 楊葵園 | | | | 上海強學會 |
| 楊德成 | | 江蘇無錫 | | 格致學社 |
| 溪世幹 | | | | 經濟學會 |
| 經元善 | 蓮珊、蓮山 | 浙江上虞 | 上海電報局總辦 | 上海強學會 |
| 葉瀚 | | | | 格致學社 |
| 董康 | 綬金 | 江蘇武進 | 進士、大理院推事 | 譯書公會 |
| 裘廷梁 | | 江蘇無錫 | | 白話學會 |
| 鄒代鈞 | 沅帆、甄伯 | 湖南新化 | 候縣知縣 | 上海強學會、地圖公會 |
| 鄒凌瀚 | 殿書 | 江西高安 | 部郎 | 上海強學會、戒纏足會 |
| 趙元益 | 靜涵 | 江蘇新陽 | 舉人，曾任職江南製造局 | 格致學社、譯書公會 |
| 趙銘辛 | | | | 鎮江學會 |
| 蒯光典 | 禮卿 | 安徽合肥 | 進士、翰林院檢討 | 上海強學會 |
| 潘元善 | 性初、詢芻 | 江蘇嘉定 | 秀才 | 廣益學會 |
| 蔣黼 | | | | 格致學社 |
| 蔡元培 | 子民、鶴卿 | 浙江紹興 | 進士 | 東文學社 |

| 鄭孝胥 | 太夷、蘇戡 | 福建閩侯 | 舉人、候選四品京堂 | 戒烟會、亞細亞協會 |
|---|---|---|---|---|
| 鄭觀應 | 陶齋 | 廣東香山 | 買辦、輪船招商局會辦 | 戒烟會、亞細亞協會、上海強學會 |
| 黎庶昌 | 蒓齋 | 貴州遵義 | 道員 | 上海強學會 |
| 賴振寰 | 弼彤 | 廣東順德 | | 戒纏足會 |
| 龍澤厚 | 積之 | 廣西桂林 | 知縣、康有為弟子 | 醫學善會、上海強學會 |
| 戴孟鶴 | | 江蘇蘇州 | 秀才 | 勵學會 |
| 繆禹臣 | | | | 醫學會 |
| 鍾天緯 | | | | 格致學社 |
| 羅振玉 | 叔蘊、叔言 | 浙江上虞 | 進士、光祿寺署正 | 務農會、東文學社、格致學社 |
| 譚嗣同 | 復生、壯飛 | 湖南瀏陽 | | 戒纏足會、測量會 |
| 顧璜 | 漁溪 | 河南 | 通政使 | 上海強學會 |
| 顧植之 | | 江蘇無錫 | | 白話學會 |
| 顧潤賓 | | | | 上海印書公會 |

說明：本表係依據第二、三章內容及相關資料彙整而成。

資料來源：汪詒年，《汪穰卿先生傳記遺文》，頁262、266；湯志鈞，《戊戌變法人物傳稿》，頁89、126、353、719、721、747、；《時務報》，第一冊（清光緒二二年七月一日），附頁1下；《國史館館刊》，二卷一期（民國三八年一月），頁78～79；《最近官紳履歷彙錄》，頁36、288、；蕭一山，《清代通史》，五，頁527～537、569；費行簡，《近代名人小傳》，頁45；梁啟超，《飲冰室文集》，第二冊，頁23、72；《昌言報》，第二冊（清光緒二四年七月一一日），告白，頁1；張玉法，《清季的革命團體》，頁90、202；《南社叢選》，文選，卷二，頁4～5；田原禎次郎，《清末民初中國官紳人名錄》，頁689；《中國近代學人像傳》，頁130、176、302、304；錢萼孫，《文芸閣先生年譜》，頁1～4；《第一次中國教育年鑑》，頁40；《國史館館刊》，一卷四期（民國三七年十一月），頁88～92；楊家駱編，《戊戌變法文獻彙編》，四，頁445、545；《嘉定縣續志》，卷十一，頁23；《嘉定縣續志》，卷七，頁13；包天笑，《釧影樓回憶錄》，頁149；柳亞子，《南社紀略》，頁5；閔杰，〈新發現的戊戌時期學會及其意義〉，《求索》，1993年第6期，頁107～109。

　　由前表所列之江蘇省前期學會領導者計一百零一人，其中接受傳統教育佔多數，有資料可考且具有功名者計四十六人，其中進士二十人，舉人九人，

秀才五人，佔全部的二分之一弱。其餘雖無詳細資料可供觀察，但皆為能夠接觸西方新知的士紳階層，對西學有一基本概念者。

茲再依可考之官職列表如下：

**表4-4：江蘇省初期學會重要負責人官職表**

| 官　　職 | 人　數 | 官　　職 | 人　數 |
|---|---|---|---|
| 翰林院修撰 | 7 | 候選（補）知縣 | 2 |
| 內閣學士 | 1 | 候選郎中 | 1 |
| 光祿寺署正 | 1 | 提督 | 1 |
| 翰林院侍讀學士 | 1 | 兵部郎中 | 1 |
| 吏部主事 | 1 | 知府 | 1 |
| 刑部主事 | 1 | 候選四品京堂 | 1 |
| 工部主事 | 1 | 內閣中書 | 1 |
| 外務部祕書 | 1 | 候補道 | 2 |
| 知縣 | 1 | 外務部 | 1 |
| 大理院推事 | 1 | 留日 | 1 |
| 大理院正卿 | 1 | 通政使 | 1 |
| 道員 | 1 | 總辦 | 1 |
| 會辦 | 1 | 差闈 | 1 |
| 合計 | | 34 | |

資料來源：依據表4-3表整理而成。

根據這些資料顯示支持學會運動的人多係傳統教育出身者，擁有功名，而以中下級官吏出身者較多。雖或有任翰林修撰、侍讀學士，如：文廷式曾為帝妃——珍妃、瑾妃之師，德高望重，但是文廷式卻因其對學會的尊重與提倡，旋即於清光緒二十二年（1896）遭革職永不錄用；〔註14〕其它擔任主事、郎中、知縣等職務者，基本上在清政府中皆屬中下級官職，因此從這些倡導者出身而言，可知其在朝廷中地位並不高，平時其言論主張對於政府而言，未必受到重視，但是對學會的倡導與影響則比預期中來得大。

另外，依其籍貫則顯示在江蘇省倡導學會者，並非僅江蘇省籍人士，茲將江蘇省可考之學會重要負責人籍貫列表如下：

〔註14〕錢萼孫輯，《文芸閣先生年譜》，頁20～40。

**表 4-5：江蘇省初期重要負責人籍貫人數表**

| 籍　貫 | 人　數 | 籍　貫 | 人　數 |
| --- | --- | --- | --- |
| 江　蘇 | 27 | 江　西 | 3 |
| 浙　江 | 9 | 漢洲鑲紅旗 | 1 |
| 湖　南 | 5 | 福　建 | 3 |
| 四　川 | 5 | 安　徽 | 2 |
| 直　隸 | 1 | 湖　北 | 1 |
| 河　南 | 1 | 貴　州 | 1 |
| 廣　東 | 12 | 廣　西 | 1 |

資料來源：依據表 4-3 表整理而成。

　　從前表觀察，江蘇省各學會主要負責人大多來自東南沿海各省，除江蘇省籍人士最多，顯示其地區性外，其餘多為長江流域及臨近省份人士。廣東省籍次之，再次為浙江，此乃因地利之便。又，湖南、四川、江西、福建等省人士的參與，顯示學會在江蘇省內來自於湖南、四川、江西、福建等省籍之人士不在少數，其對於國家的關懷並不因其籍貫而受地域性之限制，尤其是上海在當時已屬國際都市，為中外人士所走集之區，各省人士旅居於此，更能以四海一家之心並同參與學會的興設與活動。但值得注意的，在這麼多的學會領導者中，極少北方省籍重要人士參與，以可考的資料觀察，僅有一位為東三省籍人士。顯然，中國傳統地緣關係的結合，仍對清末學會發展具有一定的影響力。

　　這些領導人物，深受禮教教化，擁有功名，大可以求仕途上之發展，高官厚爵，享受榮華富貴，何以提倡學會，此無它，各學會倡導者實植基於「天下興亡，匹夫有責」之救國意識。觀察世運，撫念時局，國家憂患貧弱，與西人，甚或日人相較，中國幾無以自存，所謂的自強運動，雖不無建設，但與日一戰而敗，實乃自強運動建設之不足與人心之渙散。於此深思反省下，有感而發，深以中國已至變革之時，非使中國經國治民大經大法改弦易轍、收攬人心不足以強國，而興學會，合眾力，團結人心正是求變強國一途，因之積極從事學會運動。

　　清光緒二十一年（1895）汪康年與湖北、上海名流議設「中國公會」為士人集會興國之發端，雖然中國公會最後流產，但誠如其草擬之公會章程中

所言：

> 公會者，所以保吾華之聖教，使不至日漸漸減也，所以保吾華之種
> 族，使不至日漸淪胥也，蓋撫念時事，追咎既往，自下下之分別，
> 而形勢始睽隔，自黨會之嚴禁，而人心愈渙，茲立此會，務欲使天
> 下人人之心聯爲一心，天下人之氣聯爲一氣，將拯衰弱俾臻富強。（汪
> 康年，《汪穰卿先生傳記遺文》，卷二，頁4～5。）

此種希望能成立學會，結合天下有之人，聯爲一氣，濟弱扶傾，使國家臻於富強的想法，正是代表當時關心時局，有識之士欲聯合群力拯救國家之心聲，以及付諸於行動之具體實現。

再觀其後，汪康年與友人合組之務農會、戒纏足會、蒙學公會、東文學社等各個不同屬性的學會，以及在不同的場合屢屢爲文，言「今日振興之策，首在改科學，興學堂、立學會」，〔註15〕「泰西各國，如英、法、美之強，正由於其國內廣立學會，得以聚群眾，繫人心」，〔註16〕「故爲今之計，應於全國廣立學會，凡足以興國者，如農學會、工學會、商學會、兵學會」、〔註17〕「武學會」〔註18〕等，皆應設立；再再說明在他的觀念中，學會正是振興人才，維繫人心，救國圖強的重要途徑。

當然不可忽略的，就其思想層面而言，汪康年雖然強調爲今計，有識之士爲啓民智、救國家，應學習西方立會以興國，甚至主張應設立議院，改革政體，〔註19〕但是其基本精神，仍植源於儒家傳統。所謂立會興國正是發揮愛力之表現，而愛力即儒家仁愛精神之體現，據此即可轉國運，他說：「孔子曰：不愛其親而愛他人者，謂之悖德；然則不愛己國之人，而愛他國之人者，獨不爲悖乎然？」〔註20〕是「以全國之愛力愛其君，則君益尊，以全

---

〔註15〕汪康年倡導參與的各學會可參考本論文第二章、第三章。

〔註16〕汪康年，〈論中國求富強宜籌易行之法〉，《時務報》，第十三冊（光緒二十二年十一月初一），頁1。

〔註17〕汪康年，〈以愛力轉國運說〉，《時務報》，第十二冊（光緒二十二年十月二十一日），頁1。

〔註18〕汪康年，〈論宜令全國講求武事〉，載於楊家駱編，《戊戌變法文獻彙編》（臺北市：鼎文書局，民國62年），三，頁146。

〔註19〕汪康年，〈論中國求富強宜籌易行之法〉，《時務報》，第十三冊（光緒二十二年十一月初一），頁1～2。

〔註20〕汪康年，〈中國自強策（上）〉，《時務報》，第四冊（光緒二十二年八月初一日），頁1。

國之力愛其國，則國益固，以攻則克，以戰則勝，以守則完，相愛而後能相群，相群而後能相固，是以愛力能生強。」〔註21〕正是傳統儒家精神仁愛的表現。

汪康年，將西方立會觀念混入中國傳統儒學中，正是當時傳統士紳倡導學會的「中學為體、西學為用」的思維。在他們初步體認西學之後，認為中國必須自強求變，努力的吸取西方新知，是與西方並駕齊驅的重要關鍵，但傳統的觀念使他們在求變中，採取了溫和的態度，希望經由立會、辦報，發表言論，從而聯絡全國人民發憤圖強而達救國之目的，至清光緒二十六年（1900）以後提倡地方自治、民主立憲而籌立的各種自治研究會、立憲研討會，正是其要求立憲改革進一步表現的結果。

### 二、庚子以後學會領導階層

清光緒二十六年（1900）庚子事變以後，為收攏人心，在清廷解除部分黨禁下，江蘇省學會運動發展較之前期多采多姿，其領導參與成員較多且複雜，不少是來自民間的士紳及青年，特別是在這個階段，中國國內已在西潮影響下，培育出一批具西學新知的知識分子，這些新式人才在面對國家社會處於危急存亡之際，凝聚在學會組織裏，以啟蒙新知、政教宣傳、改良風俗和公共服務為目標，成為形塑新輿論、價值觀念的重要推動者。

茲將此期江蘇省學會領導及有資料可尋之參與者列表如下：

### 表4-6：江蘇省後學會重要負責人一覽表

| 姓　名 | 字　號 | 籍　貫 | 出　身 | 參與學會之關係 |
|---|---|---|---|---|
| 丁乘時 | | | | 婦女宣講會 |
| 尹維俊 | | 浙江 | 尹銳志之妹 | 中國女子國民會 |
| 尹銳志 | | 浙江 | 秋瑾之學生 | 中國女子國民會 |
| 戈麗生 | | | | 世界語學社 |
| 方還 | 惟一 | 江蘇崑山 | 教育界 | 上海江蘇教育總會 |
| 王廉 | 清夫 | 浙江定海 | 商人 | 浙江旅滬學生會 |
| 王文濡 | | 浙江 | | 國學扶輪社 |

〔註21〕汪康年，〈以愛力轉國運說〉，《時務報》，第十二冊（光緒二十二年十月二十一日），頁1～3。

| 王同愈 | 勝之 | 江蘇蘇州 | 進士、翰林院編修 | 上海江蘇教育總會 |
|---|---|---|---|---|
| 王季同 | 小徐 | 江蘇吳縣 | 留英 | 中國教育會、對俄同志會 |
| 王清穆 | 丹揆 | 江蘇崇明 | 進士、湖北按察使 | 江蘇學會 |
| 王雄 | | | | 中國女子國民會 |
| 王夢齡 | | | | 女界保路會 |
| 王燮功 | | 江蘇上海 | 鄉紳 | 群學會 |
| 史家麟 | | 福建閩縣 | | 旅滬福建學生會 |
| 伍連德 | | | | 中華醫學會 |
| 任天和 | | | | 春陽社 |
| 任錫汾 | | | | 宜荊縣教育會 |
| 朱少屏 | 屏子、天一、葆康 | 江蘇上海 | 留日 | 寰球中國學生會、南翔、中國國民學會 |
| 朱方來 | | | | 宜荊縣教育會 |
| 朱爲伯 | | | | 中國學界聯合會 |
| 江道沂 | 屏藩 | 福建 | 學生 | 旅滬福建學生會 |
| 江塵祺 | | | | 譯書交通公會 |
| 何枚士 | | 福建 | | 旅滬福建學生會 |
| 吳兆曾 | | | | 粵路共濟會 |
| 吳沃堯 | 小允、趼人 | 廣東南海 | | 譯書交通公會 |
| 吳鍾秋 | | | | 中國女子國民會 |
| 李登輝 | 騰飛 | 福建廈門 | 留美、上海復旦公學教務長 | 寰球中國學生會 |
| 李鍾珏 | 平書 | 江蘇上海 | 優貢、知縣 | 醫學會、上海書畫研究會 |
| 李懷霜 | | 廣東 | 京官，上海天鐸報編輯 | 中國國民總會 |
| 沈恩浮 | 信卿 | 江蘇蘇州 | 鄉紳 | 教育研究會 |
| 沈亮棨 | | | | 私塾改良總會 |
| 沈厥民 | | 浙江 | 留日 | 浙江旅滬學生會 |
| 沈懋昭 | | | 商人，直隸商會代表 | 中國國民總會、全國商團聯合會 |
| 汪允中 | 德淵、中央、 | 安徽 | 教育界 | 中國教育會 |
| 汪淵若 | | | | 上海書畫研究會 |
| 汪彭年 | 岑 | 安徽旌德 | 日本法政大學畢業 | 報業俱進會 |

| 汪慶祺 | | | | 譯書交通公會 |
|---|---|---|---|---|
| 周佩宜 | | | | 中國女子國民會 |
| 周金箴 | | | | 籌還國債會 |
| 周樹年 | | | | 江都縣教育會 |
| 周樹奎 | 新盦、桂笙 | 江蘇上海 | | 譯書交通公會 |
| 林森 | 子超 | 福建閩侯 | 鶴齡英華書院肄業 | 旅滬福建學生會 |
| 林獬 | 白水、萬里 | 福建侯官 | 留日 | 中國教育會 |
| 林兆昺 | | | | 丹陽縣教育會 |
| 林述慶 | 頌亭 | 福建閩侯 | 武備學堂畢業 | 旅滬福建學生會 |
| 姚鴻 | 伯鴻 | | | 預園書畫善會 |
| 姚文枏 | 子讓 | 江蘇上海 | 舉人 | 上海闔邑學務公會、上海縣教育會 |
| 姚石泉 | | | | 上海協助亞東遊學會 |
| 姚志梁 | | 江蘇嘉定 | | 南翔中國署會 |
| 施贊唐 | 琴南 | 江蘇寶山 | 貢生，訓導 | 寶山地方自治會 |
| 柳棄疾 | 亞子、亞廬、安如 | 江蘇吳江 | | 對俄同志會、國學保存會、南社 |
| 胡玉縉 | 綏之 | 江蘇 | 舉人，知縣 | 地方自治研究會 |
| 胡愈之 | | | | 世界語學會 |
| 郁鍾翰 | | 江蘇上海 | 鄉紳 | 群學會 |
| 唐人和 | 伯勳 | 福建 | | 旅滬福建學生會 |
| 唐文治 | 蔚芝 | 江蘇太倉 | 進士，商部右侍郎 | 上海江蘇教育總會 |
| 夏曰璸 | | 江蘇嘉定 | 鄉紳 | 教育研究會 |
| 孫國鈞 | | | | 丹陽縣教育會 |
| 徐文榖 | | | | 同前 |
| 徐樹卿 | | | | 新陽講學會 |
| 徐聯芳 | | 江蘇揚州 | | 揚州自治會 |
| 翁浩 | 友鞏、右鞏 | 福建侯官 | | 旅滬福建學生會 |
| 袁希濤 | 觀瀾 | 江蘇寶山 | 舉人、上海廣方言館教員 | 教育研究會 |
| 馬良 | 相伯、薌伯、華封老人 | 江蘇丹陽 | 未獲科名、曾任灤口機器局、駐日使館參贊、神戶領事、復旦公學校長、諮議局議員。 | 上海江蘇教育總會，江浙保路會、中國國民總會、憲政研究會、全國務農聯合會、江浙協會。 |
| 高旭 | 天梅 | 江蘇金山 | | 南社 |

| 高壽田 | | 江蘇上海 | 鄉紳 | 群學會 |
|---|---|---|---|---|
| 張謇 | 季直 | 江蘇南通 | 進士、翰林院修撰 | 上海江蘇教育會、預備立憲公會、諮議局研究會、全國農務聯合會 |
| 張世康 | | | | 青浦縣教育會 |
| 張國溶 | 海若 | 湖北蒲圻 | 進士，翰林院庶吉士 | 全國農務聯合會 |
| 張繼善 | | 安徽桐城 | 醫生、知縣 | 世界語學社 |
| 梅橡根 | | | | 地方自治研究會 |
| 許朝貴 | | 江蘇嘉定 | | 南翔學會 |
| 許鼎霖 | | 江蘇贛榆 | 祕魯領事、浙江洋務總辦 | 上海江蘇教育總會 |
| 陳去病 | 佩忍、巢南 | 江蘇 | 留日 | 國學保存會、南社 |
| 陳伯生 | | | | 蘇州體育會 |
| 陳茂森 | | | | 江都教育會 |
| 陳婉衍 | | 江蘇上海 | | 對俄女同志會 |
| 陳勤生 | 予範 | 福建侯官 | | 旅滬福建學生會 |
| 陳蓮舫 | | | 中醫師 | 醫學會 |
| 陳蝶仙 | | | | 麗則吟社 |
| 陳龍章 | | | | 青浦縣教育會 |
| 陸式楷 | | | | 世界語學會 |
| 陸懋宗 | | 江蘇常熟 | | 常熟地方自治會 |
| 陶惟坻 | | | | 蘇洲農務總會 |
| 章在民 | | | | 中國女子國民會 |
| 章炳麟 | 枚叔、太炎 | 浙江餘杭 | 國學家，曾旅居日本 | 國學保存會 |
| 朝傑 | | | | 京口教育會 |
| 湯化龍 | 濟武 | 湖北蘄水 | 進士，留日 | 全國農務聯合會 |
| 湯壽潛 | 蟄仙 | 浙江山陰 | 進士、知縣兩淮鹽運使 | 江浙協會、預備立憲公會 |
| 馮鏡如 | | 廣東南海 | 旅日僑領 | 四民公會 |
| 黃俊 | | | | 豫園書畫善會 |
| 黃節 | 晦聞 | 廣東順德 | | 國學保存會、南社 |
| 黃世祚 | | | | 嘉定縣教育會 |
| 黃宗仰 | 烏目山僧 | 浙江仁和 | 和尚 | 中國教育會、四民公會 |

| | | | | |
|---|---|---|---|---|
| 黃鍾聲 | | | | 春陽社 |
| 惲祖祁 | | 江蘇常州 | 福建廈門道 | 上海江蘇教育總會 |
| 楊嘉椿 | | 江蘇上海 | 鄉紳 | 群學會 |
| 葉瀚 | 浩吾 | 浙江仁和 | | 中國教育會、對俄同志會 |
| 葉永鎏 | | | | 滬學會 |
| 葉承錫 | | | | 滬學會 |
| 葉景澐 | | 江蘇上海 | 鄉紳 | 教育研究會 |
| 鄒容 | 蔚丹 | 四川巴縣 | 留日（同文書院） | 四民公會 |
| 雷奮 | 繼興 | 江蘇松江 | 留日，日本早稻田大學畢業，資政院議員 | 地方自治研究會、憲政研究會 |
| 熊信三 | | | 杭州駐防 | 旗營生計研究會 |
| 熊颺芝 | | 四川 | | 四川旅滬保路同志會 |
| 趙夢泰 | 豹文 | 安徽涇縣 | 舉人，知縣 | 青浦自治期成會 |
| 劉光漢（劉師培） | 申叔、左盦 | | 留日 | 國學保存會 |
| 潘祖彝 | 訓初、竹縣 | 福建崇安 | | 旅滬福建學生會 |
| 潘鍾瑾 | | | | 宜荊縣教育會 |
| 潘鴻鼎 | 鑄禹 | 江蘇寶山 | 進士、翰林院編修 | 寶山地方自治研究會 |
| 蔣智由 | 觀雲 | 浙江諸暨 | 教育界 | 中國教育會 |
| 蔡人奇 | 毅 | 福建 | | 旅滬福建學生會 |
| 蔡元培 | 子民、鶴卿 | 浙江紹興 | 進士 | 中國教育會 |
| 鄭仲勁 | 權 | 福建 | | 旅滬福建學生會 |
| 鄭孝胥 | 太夷、蘇盦 | 福建閩縣 | 舉人，四品京堂 | 預備立憲公會 |
| 鄭素伊 | | 福建 | | 對俄女同志會 |
| 鄭薩瑞 | | 福建 | | 旅滬福建學生會 |
| 鄭寶慈 | | 江蘇揚州 | | 法政研究會 |
| 鄧實 | 秋枚、枚子、野殘 | 廣東順德 | | 國學保存會、神州國光社、南社 |
| 盧縉思 | | 江蘇揚州 | | 法政研究會 |
| 鍾憲鬯 | 瑾光 | 浙江鎮海 | 教育界 | 中國教育會 |
| 魏子淡 | | 福建 | | 旅滬福建學生會 |

| 羅穀成 | | 江蘇上海 | 鄉紳 | 群學會 |
|---|---|---|---|---|
| 嚴璿 | | | | 同前 |
| 饒毓泰 | | | | 中國學界聯合會 |
| 龔傑 | 子英 | 江蘇蘇州 | 秀才，上海時報記者 | 上海教育會 |

資料來源：《中國近代學人像傳》，頁 90、302；樊蔭南，《當代中國名人錄》（上海：
　　　　良友出版社，民國 20 年），頁 11、23；蔣維喬，〈中國教育會之回憶〉，
　　　　《東方雜誌》，三三卷一期，頁 7、8；《革命人物誌》，第五集，頁 341
　　　　～345；劉紹唐，《民國人物小傳》，第一冊，頁 279；田原禎次郎，《清
　　　　末民初中國官紳人名錄》，頁 34、174、178、186、358、470、487、567
　　　　～568、610～611、689；東亞同文會編，《民國五年中國年鑑》（臺北：
　　　　天一出版社，民國 64 年，影印本），頁 1010；《馬相伯先生文集續編新
　　　　編》，頁 1～4；《上海縣續志》，卷十一，頁 15、16；卷二一，頁 16 下；
　　　　《最近官紳履歷彙錄》，頁 17、93、121、257；王爾敏，〈清季學會彙表〉，
　　　　《晚清政治思想史論》，頁 138、155、158；《上海市通志館期刊》，一卷
　　　　二期，頁 529、530；《上海市通志館期刊》，二卷三期，頁 842、853；《國
　　　　史館館刊》，一卷一期（民國三六年十二月），頁 84；《國史館館刊》，一
　　　　卷二期（民國三七年三月），頁 80；《劉申叔先生遺集》，事略，頁 1～2；
　　　　柳亞子，《南社紀略》，頁 5、8、13、183、196；《當代人物誌》，頁 218；
　　　　李平書，《且頑老人七十自敍》，頁 1～35；錢寶甫，《清季新設職官年表》，
　　　　頁 77；張玉法，《清季的立憲團體》，頁 92、97～102、124～125、133
　　　　～134、136、138、140；《上海研究資料續集》，頁 156；包天笑，《釧影
　　　　回憶錄》，頁 331；劉紹唐編，《民國人物小傳》，第一冊，頁 101；張建
　　　　國，《辛亥前上海地區革命運動之研究》，頁 187、189；《辛亥革命在上
　　　　海史料選輯》，頁 1232；《革命人物誌》，第六集，頁 162；金梁，《近世
　　　　人物誌》，頁 369；李守孔，《各省諮議局聯合會與辛亥革命》，頁 338；
　　　　《寶山縣續志》，卷一四，頁 5～6；《青浦縣續志》，卷一二，頁 1、3
　　　　下；劉紹唐編，《民國人物小傳》，第一冊，頁 108～109；《嘉定縣續志》，
　　　　卷七，頁 13；《江都縣續志》，卷七，頁 9～12；《丹陽縣續志》，卷七，
　　　　頁 2；《光宣宜荊續志》，卷五，頁 2；《嘉定縣續志》，卷七，頁 13～14。

　　由前表列一二六名學會領導及參與者觀察，由於此期學會數量增加，有
資料可考的學會領導者及參與者人數較多，但是與前期相較，在一二五名領
導及參與者中，擁有進士頭銜者有八人，舉人有五人，秀才一人，與前期學
會領導者多半擁有功名出身者相較，則顯然此時學會領導者受傳統教育者在

比例上已減少。相對的，此期更多的接受新式教育或西學新知的留學生、地方上之紳商與青年知識份子參與其間。

茲再將前表可察之學會領導及參與者之出身、人數列表如下：

表 4-7：江蘇省後會負責人出身人數表

| 出　　　身 | 人數 | 出　　　身 | 人數 | 出　　　身 | 人數 |
|---|---|---|---|---|---|
| 翰林院編修 | 2 | 四品京堂 | 1 | 新式學堂畢業 | 2 |
| 翰林院修撰 | 1 | 留（旅）日 | 10 | 駐防 | 1 |
| 翰林院庶吉士 | 1 | 留美 | 1 | 國學會 | 1 |
| 商部右侍郎 | 1 | 留德 | 1 | 和尚 | 1 |
| 領事 | 2 | 留英 | 1 | 醫師 | 1 |
| 按察使 | 1 | 教育界 | 4 | 僑領 | 1 |
| 知縣 | 5 | 商人 | 2 | 記者 | 1 |
| 京官 | 1 | 鄉紳 | 8 | 道員 | 1 |

說明：依據表 4-6 製作而成。

雖然限於資料之不足，許多學會領導者之資料無法詳細得知，但由前表觀察此期學會領導者的出身或職業，除了部分屬由士紳階層投入工商兼政治改革運動者之外，較之前期加入了不少接受西方新知或新式教育之成員。

以張謇和蔡元培為例，兩人皆為屬傳統士紳投入學會運動者。張謇投身於工商教育，並傾向於立憲改革；蔡元培則教育改革為職志，並逐漸傾心於革命。

張謇，雖然為狀元出身，授為翰林院修撰之後，無意於仕途，返鄉投入工商兼政治改革運動中，專心致力於江蘇省地方事業及教育工作之推動，興辦各種新式學校。〔註22〕1903 年他走日考察教育，深感日本採行君主立憲引領國家走向富強之路之可行性，開始傾心於君主立憲，主張設議政院，以開通民智，他認為立憲大本在於政府，人民則宜各以實業、教育為自治基礎，且與其多言不如人人實行，得尺則尺，得寸則寸。〔註23〕因此他投身於江蘇

〔註22〕張謇在地方上所從事的各種建設，可參看張孝若，《南通張季直先生傳記》（臺北市：臺灣學生書局，民國 63 年），頁 66～67。

〔註23〕張謇，〈治平通議〉，《張季子九錄》（臺北縣：文海出版社，民國 72 年，景印初版），政聞錄，卷二。

教育總會，並且鼓勵其會員和自己積極參與憲政研究會、上海預備立憲公會、江蘇諮議局研究會等會務及活動，張謇本人並當選諮議局籌辦處負責人。

　　蔡元培雖於清光緒十八年（1892）中進士，獲授翰林院庶吉士，清光緒二十年（1894）補翰林院編修。〔註24〕就在這年，中日甲午戰爭讓他覺醒，維新圖強思想，促使他開始涉獵譯自外文之各類報刊書籍，關心國際事物，並學習日文以學習新知。戊戌政變（1898）後，他認為康有為、梁啟超失敗之因在於缺乏足夠之變革人才，同時意識到徹底改變的中國才有圖存之機，開始傾向革命，於是棄官歸里，興辦教育。光緒二十七年（1901），他赴上海擔任南洋公學特班總教習，鼓勵學生自由閱讀，提倡民權之說；關心社會中的道德與教育問題，認為教育和建立在人民廣大基礎的道德規範，是中國社會改革的關鍵。〔註25〕而他這種期能藉由教育開啟民智主張更是建立在男女平等接受教育的立基點之上，因此同年冬，他與蔣智由、黃宗仰、陳範等發起愛國女學校，後來蔣智由赴日，受國女校便由蔡元培管理，積極鼓吹婦女接受教育。光緒二十八年（1902）三月，他更與葉瀚、鍾觀光等組織中國教育會，擔任首任會長。顯然，此時的蔡元培和當時關心國家社稷安危的士紳一般，認同於學會救國的觀點，期望能透學會組織及活動，培育變革人才，以救亡圖存。但是，在經過努力之後，他的思想逐漸趨向於革命，特別是光緒二十八年（1902）十月南洋公學發生風潮，在他協助退學學生組織愛國學社，聘請吳敬恒、章炳麟為教員，並與《蘇報》訂約，每日由學社教員撰論說一篇，使《蘇報》成為愛國學社的機關報，以及光緒二十九年（1903）正月與吳敬恒等發起張園演說會，發表變革言論之後。〔註26〕

　　相對的，新的一代新式學堂的學生、留學生與地方上的紳商在這時期學

---

〔註24〕陶英惠，《蔡元培年譜》（臺北市：中央研究院近代史研究所，民國65年，初版），上冊，頁50。

〔註25〕戴維翰（W.J.durker）著，張力譯，〈蔡元培及儒家傳統〉，載於周陽山，楊肅獻編，《近代中國思想人物論——自由主義》（臺北市：時報出版社，民國69年，初版），頁270～271。

〔註26〕中國教育會除具學會功能外，亦是當時革命黨人聚會活動的場所之一。同時由於蔡元培言論日趨激烈，革命的旗幟越來越鮮明，光緒二十九年五月初，清政府有緝查革命黨人時，蔡元培也在黑名單之列。光緒三十年（1904）正月，將《俄事警聞》改為《警鐘日報》。是年秋，與龔寶銓、陶成章等在上海成立光復會，蔡元培被推為會長，秘密結納各地會黨，預備進行暗殺與暴動。光緒三十一年（1905）七月孫中山先生在東京成立同盟會；九月，蔡元培由何海樵介紹加入，並被推為上海分會會長。

會領導者佔有相當的比例。此一方面由於自同治元年（1862）以後新式學堂的開辦，如：北京同文館、上海「廣方言館」、水師學堂、武備學堂等，以及地方上私立的新式學校的設立，培育了一批受較新思想的青年才俊，另一方面則因清政府清光緒二十八年（1902）新學堂章程頒佈，〔註27〕後各級新式學堂紛紛設立，和留學生的增多，特別是留日學生，〔註28〕他們在受到西方列強帝國主義的壓迫以及亡國滅種危機意識的刺激，民族主義油然而生，於是大部分拒外，爭取利權的學會成為他們救國活動之一，而且也因他們較熱情，活動較激烈，所以使部分學會活動較激進，與前期之溫和的社會改革的學會大異其趣。就此而言，這時代的學會領導階層顯然已較前期更為激進。

然大部分的教育會、地方自治會的領導階層多是地方上的紳商，他們支持這一類的活動主要是因其傾向立憲改革，在既得利益的前提下，不喜劇烈變革，而地方自治則可使他們仍保有其士紳的特權，所以他們支持地方自治會、教育會。〔註29〕

以下，再從江蘇省少數可找到之學會領導者及參與者之籍貫觀察，可發現其地域性特色。

**表4-8：江蘇省後期學會重要負責人籍貫人數表**

| 籍貫 | 江蘇 | 浙江 | 福建 | 安徽 | 廣東 | 四川 | 廣西 | 湖北 |
|---|---|---|---|---|---|---|---|---|
| 人數 | 38 | 12 | 17 | 4 | 5 | 2 | 1 | 2 |

依據前表資料顯示，光緒二十六年以後江蘇省學會領導及參與者，仍以江蘇省籍為最多；其次為福建省籍，至少有十七人，但是其中十三人因皆係旅滬福建學生會之會員，以致於福建省籍出現較高比例之現象；再次為浙江省籍人士，顯然此期參與會員結構上仍和前期相似，參與者以江蘇省及其鄰近省分為主，其它各省人士在江蘇省組織學會者僅少數，且一如前期，北方省籍人士在江蘇省參與者幾乎微乎其微，充分展現其地域色彩。

另外，由前表所列觀察，亦可發現此期學會領導者重疊現象，部分學會領

---

〔註27〕 多賀秋五郎編，《近代中國教育史資料（清末篇）》（臺北市：文海出版社，民國 65 年，景印初版），頁 42～60。

〔註28〕 張玉法，《清季的革命團體》，頁 52～53。

〔註29〕 Chuzo Ichiko, The Role of the Geitry：An Hypothesis, in Mary C. Wright, ed, *China in Revolution：The First Phase, 1900～1913.*（New York, 1968）,pp. 300～302.

導者同時參加數個學會，甚至是多個學會的主事者一人身兼數職，如參與學會最多的馬良，前後共列名於上海江蘇教育會、江浙保路會、中國國民總會、憲政研究會、全國務農聯合會、江浙協會等六個學會；其次爲張謇，亦列名於上海江蘇教育會、憲政研究會、預備立憲會、江蘇諮議局研究會等四個學會之中；參加三個學會有鄧實、陳去病、朱少屏等三人；參加二個學會有王季同、葉瀚、黃宗仰、姚文枬、黃節、李鍾珏、湯壽潛、沈懋昭、雷奮等人。

　　總之，據可考之資料顯示，清光緒二十一年以後在江蘇省立的各種學會，在光緒二十四年戊戌政變以前，其領導者及參加者大部分都是具有功名、出身於傳統教育的官宦人士。他們在面對國家面臨亡國滅種以及社會驟然變遷之際，期能結合志同道合之士，共謀國家救亡圖存之策，但囿於傳統觀念，基本上是採體制內的變革，所提倡的救亡運動傾向於溫和的改革措施，因此此期學會的各項宗旨及活動以溫和的啓蒙、社會改革及學習西學爲主。光緒二十六年庚子事變以後，由於學會倡導者中不少係在野的士紳，或是接受部分新式教育、受到西方新知啓蒙的青人知識分子，特別是新一代的留學生，在亡國滅種的危機及國家民族意識強烈影響下，更積極各種組織學會，並於改革的進程中，呈現出類似於革命的態度，雖然在激進中仍有保守，但是這群學會領導者已知利用教育會、地方自治會等學會組織，協助其推動進行教育改革、立憲與地方自治等改革策略之施行。

## 第三節　學會之時空分布意義與特色

　　晚清在全國各地設立的各種學會，除了工商、商會和祕密性會社暫不統計外，根據學者之相關統計，至少有四百五十七個之多，〔註30〕其中在江蘇省設立之學會，依前第一節所列有一五九個，若再加上革命派設立之公開性之學會則有一百六十個以上，〔註31〕約佔全國之百分之三五左右，其中上海地區成立的學會就有九十九個之多，佔江蘇省學會的百分之六二點二六，全國的百分之二一點三三，可見上海一地係清季全國各地學會發展重鎮，深具意義。

---

〔註30〕此數字乃依張玉法先生所著之《清季的立憲團體》,《清季的革命團體》、王爾敏先生著之〈清季學會彙表〉，以及湯志鈞編著之《戊戌時期的學會和報刊》所列之各學會統計所得，但其中工會、商會、宗教及秘密性之革命團體則去除。

〔註31〕此爲依據本文第二至三章所統計而出。

## 一、時間上分布之意義

清季江蘇省學會發展，自清光緒二十一年（1895）以後，除清光緒二十五年（1899）至二十七年（1901）期間，因黨禁而暫挫外，每年皆有因應其主張及呼應時局變革而成立的各種不同新學會，茲將光緒二十一年至宣統三年（1911）間江蘇省與全國各地成立可考之學會數列表如下，俾從時間差異觀察其特色。

### 表 4-9：全國與江蘇省學會數目比較表

| 年　　　度 | 全國學會成立數目 | 江蘇學會成立數目 | | |
|---|---|---|---|---|
| | | 上　海 | 其　他 | 合　計 |
| 清光緒二十一年（1895） | 3 | 1 | 0 | 1 |
| 清光緒二十二年（1896） | 8 | 3 | 1 | 4 |
| 清光緒二十三年（1897） | 21 | 9 | 2 | 11 |
| 清光緒二十四年（1898） | 31 | 6 | 6 | 12 |
| 清光緒二十一～二十四年間 | 11 | 3 | 2 | 5 |
| 光緒二十五年（1899） | 1 | 0 | 0 | 0 |
| 清光緒二十六年（1900） | 1 | 0 | 0 | 0 |
| 清光緒二十七年（1901） | 1 | 0 | 0 | 0 |
| 清光緒二十八年（1902） | 3 | 2 | 0 | 2 |
| 清光緒二十九年（1903） | 9 | 4 | 3 | 7 |
| 清光緒三十年（1904） | 9 | 4 | 1 | 5 |
| 清光緒三十一年（1905） | 23 | 13 | 5 | 18 |
| 清光緒三十二年（1906） | 32 | 7 | 7 | 14 |
| 清光緒三十三年（1907） | 60 | 6 | 15 | 21 |
| 清光緒三十四年（1908） | 38 | 5 | 3 | 8 |
| 宣統元年（1909） | 29 | 6 | 2 | 8 |
| 宣統二年（1910） | 15 | 5 | 5 | 10 |
| 宣統三年（1911） | 15 | 10 | 1 | 11 |
| 年代不明 | 154 | 15 | 7 | 22 |
| 合　計 | 464 | 159 | | |

　　由前表觀之，自清光緒二十一年（1895）開始，全國學會發展有兩個高峰期，初期在清光緒二十三年至二十四年（1897～1898）之間達於高峰，第二期則於清光緒三十二年至三十四年（1906～1908）時最盛，而江蘇省學會的發展亦呈現此一現象。

　　第一期學會的開展，與當時部分士紳倡導革及光緒皇帝欲進行變革的政局發展有關，由於清光緒二十三、四年間正是康有為、梁啓超等提倡變法教國活動最頻繁時，於是以合群力、開風氣、啓民智、救國家的學會，在改革派的倡導下大為興盛。特別是在康、梁至上海成立強學會並致力於鼓吹宣揚學會救國，一時間上海及江蘇省沿海地區學會的興設蔚為風潮。

　　第二期學會發展興盛則因清廷自義和團事變後，痛定思痛，深知必須作某種程度的變革，方足以維繫人心，於是在清光緒三十二年（1906）宣佈將仿效西方國家實施君主立憲制度，並開放部分黨禁，於是有為養成人材、培育人民知識能力的教育會、宣傳立憲及為預備立憲基礎的立憲公會、地方自治會等學會的興起，使學會蓬勃發展，成為改革推動立憲與方地方自治的重要場所，江蘇省會的興設、其組織型態及活動亦與之相呼應。

　　就數量而言，江蘇省學會以清光緒二十三年至二十四年（1897～1898）和清光緒三十一至三十三年（1905～1907）間成立者最多，大致上和全國學會發展趨勢一致，說明江蘇省學會發展有其普遍性之意義存在，是和當時潮流相依相存的。但就比例而言，則江蘇省學會發展所出現的高峰則在清光緒二十二至二十三年（1896～1897）和清光緒二十八年（1902）至三十一年（1905）期間。清光緒二十二年（1896）正是學會初倡時期，此時江蘇省學會佔全國一半之比例，顯示江蘇省學會風氣早開，此地士紳對學會倡導之努力及他們對溫和的社會改革之努力。清光緒二十九年（1902）、三十一年（1905）適值中國拒俄排外及反中美工約風潮時期，江蘇省自上海開埠後，上海地區成為國際都市，在反外民族情緒高漲情況下，首當其衝，以拒俄、反中美工約風潮的學會在上海地區就顯得特別多且深具意義。就此而言，江蘇省學會發展，又頗具其特殊性。

　　同時，就清末整個學會運動發展情形而言，除了清光緒二十四年（1898）戊戌政變以後至清光緒二十七年（1901）期間，因清廷宣佈黨禁，嚴禁結社立會，使學會運動頓挫外，江蘇省學會發展有其持續性意義，每年都有新的學會成立，所佔比例除了清光緒三十四年（1908）較低以外，其它皆在百分

之二十五以上，尤其至清末宣統二年、三年（1910、1911）更有高漲的情勢，此與當時全國要求變革行立憲及各種思潮激盪頗有關係。國家民族滅亡的危機使青年學生、婦女、商人等組織各種不同的學會，如：上海少年會、世界女子協會、全國商團聯合會等，即如被國人視爲較激進之社會主義亦有組織「社會主義研究會」以研究之。

　　總之，以時間的發展做觀察，江蘇省各地成立的學會成立之時間軸，與全國各地學會發展脈絡頗具一致性；且具持續性意義，但在普遍中仍有其個別發展特色，特別是在外交及爭取利權方面的學會發展較全國其它地區顯得格外強烈。

表4-10：江蘇省各地區學會發展一覽表

| 地域<br>年代 | 上　海 | 嘉定 | 江寧<br>（南京） | 蘇州 | 揚州 | 吳江 |
|---|---|---|---|---|---|---|
| 清光緒二十一年（1885） | 上海強學會 | | | | | |
| 清光緒二十二年（1896） | 務農會、地圖公會、戒纏足會 | 廣益學會 | | | | |
| 清光緒二十三年（1897） | 算學會、譯書公會、實學會、蒙學公會、醫學善會、醫學總會、女學會、譯印中西書籍公會、上海印書公會 | | 測量學會 | 蘇學會 | | |
| 清光緒二十四年（1898） | 戒烟會、亞細亞協會、東文學社、正氣會、經濟學會、格致學社 | | 勸學會 | 醫學會 | 匡時學會 | 雪恥學會 |
| 清光緒二十四年前成立，但年代不明者 | 農學總會、集學會、興會 | | 蒙學會 | 勵學會 | | |
| 清光緒二十八年（1902） | 中國教育會、上海協助亞東遊學會 | | | | | |
| 清光緒二十九年（1903） | 對俄同志會、對俄女同志會、四民公會、旅滬福建學生會、 | 南翔學會 | 蘇州體育會 | | | |
| 清光緒三十年（1904） | 群學會、滬學會、國學保存會、醫學會 | 嘉定學會 | | | | |
| 清光緒三十一年（1905） | 江蘇教育總會、教育研究會、上海閭邑學務公會、私塾改良總會、地方公益研究會、寰球中國學生會、鐵路研究會、鐵路公會、人鏡學社、公忠演說會、文明拒約社、義憤社、工人和平社 | | 寧學會 | 世界拒約社 | | |

| 年代 |  |  |  |  |  |
|---|---|---|---|---|---|
| 清光緒三十二年（1906） | 譯書交通公會、競業公會、浙江旅滬學會、崇實商學會、地方自治研究會、憲政研究會、預備立憲公會 |  |  |  | 法政研究會、開明會 |
| 清光緒三十三年（1907） | 春陽社、麗則吟社、江浙協會、安徽路礦公會、江浙保路會、女界保路會 | 嘉定縣教育會 |  | 長元吳三縣教育會、地方自治研究會、女界保路會 |  |
| 清光緒三十四年（1908） | 上海縣教育會、神州國光社、世界語學會、路礦聯合共濟會、上海學商公會 |  |  |  |  |
| 宣統元年（1909） | 世界語學社、豫園書畫善會、南社、粵路共濟會、籌還國債會、國會請願同志會、中華醫學公會 |  | 諮議局研究會 |  |  |
| 宣統二年（1910） | 各省諮議局聯合會、浙路維持會、世界女子協會、上海書畫研究會、國學扶輪社 |  | 報業俱進會、佛學研究會、全國農務聯合會 |  |  |
| 宣統三年（1911） | 全國教育聯合會、上海中國保界分會、中國學界聯合會、上海少年會、中國女子國民會、中國國民總會、全國商團聯合會、世界女子協會、四川旅滬保路同志會、社會主義研究會、國學研究會 |  | 預算維持會 |  |  |
| 年代不詳 | 文學會、競義會、中國天足會、進行團、華洋義賑會、上海青年全國協會、留美中國學生會、國學研究會、中華學會、中華醫學會、商學公會商業研究會、鐵路聯合會、中國工程學會、婦女宣講會、惜陰會 | 黃渡學友會、南翔中國農會 | 商學會、商洋勸學研究會 | 蘇州教育會、蘇州蘇商體育會、農務總會 |  |

| 年代＼地域 | 吳錫 | 江都 | 銅山 | 鎮江 | 常熟昭文 | 新陽 | 沛縣 | 金壇 | 寶山 |
|---|---|---|---|---|---|---|---|---|---|
| 清光緒二十一年（1885） |  |  |  |  |  |  |  |  |  |
| 清光緒二十二年（1896） |  |  |  |  |  |  |  |  |  |
| 清光緒二十三年（1897） |  |  |  |  |  |  |  |  |  |
| 清光緒二十四年（1898） | 白話學會 |  |  | 鎮江學會 |  |  |  |  |  |

| 年代 | | | | | | | | | |
|---|---|---|---|---|---|---|---|---|---|
| 清光緒二十四年前成立，但年代不明者 | | | | | | | | | |
| 清光緒二十八年（1902） | | | | | | | | | |
| 清光緒二十九年（1903） | | | | | | 新陽講學會 | | | |
| 清光緒三十年（1904） | | | | | | | | | |
| 清光緒三十一年（1905） | | | 江都縣學會 | 銅山縣教育會 | 勵恥社 | | | | |
| 清光緒三十二年（1906） | | 江都縣教育會 | | | 地方自治會（常熟） | 昭文地方自治會 | | 沛縣教育會 | 金壇教育會 |
| 清光緒三十三年（1907） | | 甘泉農學總會 | | | | | | | |
| 清光緒三十四年（1908） | | | | | | | | | |
| 宣統元年（1909） | | | | | | | | | |
| 宣統二年（1910） | | | | | | | | | |
| 宣統三年（1911） | | | | | | | | | |
| 年代不詳 | | | | | | | | | |

| 地域 / 年代 | 武進 | 青浦 | 丹陽 | 鎮洋 | 阜寧 | 京口 | 宜荊 | 川沙 | 南滙 | 備註 |
|---|---|---|---|---|---|---|---|---|---|---|
| 清光緒二十一年（1885） | | | | | | | | | | |
| 清光緒二十二年（1896） | | | | | | | | | | |
| 清光緒二十三年（1897） | | | | | | | | | | |
| 清光緒二十四年（1898） | | | | | | | | | | |
| 清光緒二十四年前成立，但年代不明者 | | | | | | | | | | |
| 清光緒二十八年（1902） | | | | | | | | | | |

| 年代 | | | | | | | | | |
|---|---|---|---|---|---|---|---|---|---|
| 清光緒二十九年（1903） | | | | | | | | | |
| 清光緒三十年（1904） | | | | | | | | | |
| 清光緒三十一年（1905） | | | | | | | | | |
| 清光緒三十二年（1906） | | | | | | | | | |
| 清光緒三十三年（1907） | 地方自治會、地方自治研究會、寶山縣教育會 | 自治期成會 | 青浦縣教育會 | 丹陽縣教育會 | 鎮洋縣教育會 | 阜寧教育會 | 京口教育會 | | |
| 清光緒三十四年（1908） | | | 自治期成會 | | | | 地方自治研究會 | | |
| 宣統元年（1909） | | | | | | | 宜荊縣教育會 | | |
| 宣統二年（1910） | | | | | | 旗營生計研究會 | 川沙縣教育會 | | |
| 宣統三年（1911） | | | | | | | | | |
| 年代不詳 | | | | | | | | | |

說明：依據第二、第三章資料製作而成。

## 二、在地域分布上之意義

　　江蘇省學會分布，以上海地區及各大都市為主要發展中心，尤其是開發較早，沿江沿海地區的都市為主，較偏僻之鄉村地區幾無學會之設立，茲列表如下：

　　由前表再將各地區設立之學會數目統計如下：

表 4-11：江蘇省各地學會數目表

| 地　域 | 數　目 | 地　域 | 數　目 |
|---|---|---|---|
| 上　海 | 99 | 吳　江 | 1 |
| 江　寧 | 11 | 無　錫 | 1 |

| 蘇　州 | 11 | 銅　山 | 1 |
|---|---|---|---|
| 嘉　定 | 6 | 鎮　江 | 2 |
| 揚　州 | 4 | 沛　縣 | 1 |
| 江　都 | 3 | 金　壇 | 1 |
| 寶　山 | 3 | 武　進 | 1 |
| 青　浦 | 2 | 丹　陽 | 1 |
| 京　口 | 2 | 鎮　洋 | 1 |
| 宜　荊 | 2 | 阜　寧 | 1 |
| 常熟昭文 | 2 | 川　沙 | 1 |
| 新　陽 | 1 | 南　滙 | 1 |
| 合　計 | | 159 | |

說明：本表係依據第二、三章資料統計而成。

　　從表中所列，上海地區一支獨秀，學會成立數目最多，顯然與其為通商口岸，以及人文薈萃、騷人墨客雲集有重要關係。其它地區則以江寧、蘇州、嘉定較多，但與上海比較，仍顯偏少，此一方面顯示江蘇省學會發展集中在少數幾個城市，且以江南地區沿江沿海城市較多；江北成立學會的僅有沛縣、阜寧兩地，此與歷來江北文風不如江南有關，而在這些城市中，又以城市中，又以城市中的城市——上海地區為主；另一方面則明白指出，在城市以外的廣大鄉村並未受到學會運動的廣泛影響，一般人民對於以士紳階層為領導中心的學會並沒有多少概念，學會發展仍有其地理上的限制。

　　總之，清季江蘇省學會運動就其內容而言，前期學會較偏向於啟蒙，喚起國人從事於學習西學新知與從事社會風俗的改良；後期學會發展則著重於教育的提倡與政治方面對內行立憲，地方自治，對外爭取利權拒外等較直接而實際的革新運動，就其組織活動而言，以辦報紙、譯書、設學校、集會演講等方式為主。

　　就學會的領導階層而言，前期多數領導者以為受過傳統教育的士紳為主，上海學會的領導者不少是曾在清政府內任職且屬中上階層之官員，其它的學會初創時，其領導者亦多屬中下階層官員或具有傳統功名之士紳；後期學會領導者其出身則漸以接受新式教育或曾經留學國外者為主，並有普及到各階層的傾向，尤其是教育會與地方自治會，地方上的士紳、學生或工商業者，頗多參與、贊助，無形中帶動學會深化於中國社會之基層組織中。

　　就時間與地域上的分布而言，江蘇省學會運動在時間上，前期以清光緒二十三年（1897）；後期以清光緒三十一年（1905）至清光緒三十三年（1907）爲較盛時期，且始終持續發展。在地域上分布以江南地區，尤其是蘇州、松江、太倉等沿江沿海一帶的城市爲最盛，淮北地區及廣大的鄉村則幾無學會，此與其風氣之早開與否頗有關聯。

# 第五章　學會的轉型與影響──代結語

　　晚清學會運動是近代中國社會變遷的產物，也是中國學習西方新知啓蒙社會的動力。做爲近代中國社會改革重要途徑的學會，晚清知識分子期能透過創設的學會及其進行的各種宣傳活動，達到集合眾人之力以成學的功效，進而學習西方人文社會、科學研究等創新觀念，傳遞知識教育，培養有助於中國富強的人才。

　　在近代西方列強的經濟、軍事及文化的衝擊下，至清光緒二十年（1894）甲午戰爭，中國爲日本所敗，接著列強在中國劃分勢力範圍，使中國淪爲各國的殖民地，清政府束手無策，有識之士在目睹中國內亂與列強瓜分危機，國家面臨空前未有變之際，深深體會到傳統中國在近代新知方面的嚴重不足，第一次採取主動立場，冒傳統禁止集會結社之大不韙，倡議學會，期以有效的組織活動與宣傳，結合群體的力量，開風氣、啓民智，喚醒民眾之自覺，期能富國強民，抵抗列強各國所加諸於中國不平等的待遇，達救國之目標，終使學會運動成爲晚清救國運動中一股洪流，而且終結了傳統中國禁止集會結社的的藩籬。

　　清光緒二十四年（1898），康有爲、梁啓超的變法運動，使知識分子要求朝廷政治變革的主張高漲，[註1]於此之際學會運動亦隨著變法主論者之主張立會、廣學以興人才的主張而興盛，[註2]他們認爲中國尋求富國強兵之道，

〔註1〕小野川秀美著，林明德、黃福慶譯，《晚清政治思想研究》（臺北市：聯經出版社，民國71年，初版），頁85～86。

〔註2〕深沢秀男，〈變法運動と學會（下）〉，《四國學院大學論文集》，十四（1968年4月），頁37～40。

不能僅止於西方科技的學習，政治制度也要改革，因此所有志同道合的人應齊心合作共謀國家之強盛，應使國人了解到集會結社組織與群眾的力量，更有利於政治與社會的改革。於是至宣統三年（1911），各種政治性、啓蒙、改良社會風氣等方面的學會紛紛成立，而學會的發展終於促了政府改變其長久以來禁止結會結社之態度。

清光緒三十四年（1908）——戊戌政變之後的第十年，在皇帝欽定的《憲法大綱》中，有關臣民之權利與義務一條中，即明定「臣民於法律範圍內有集會結社之自由」，〔註 3〕這是兩千多年來中國傳統專制體制下，首次明文規定允許自由集會結社，亦是打破傳統「結黨營私」觀念重要宣示。姑不論此一憲法後來是否實行，但允許集會結社之自由，對中國民主化運動的推展，自有其積極的作用。民國成立以後，民主度正方興未艾，但是全國各地卻是政黨林立，清末政治性之學會活動組織影響是不可忽視的；尤其是在學會舉辦的各種集會、演講等活動過程中，無形中培養民眾參與公共事務活動的概念，這種普遍參與感實爲現代民主國家國民應具備的條件之一，亦爲無民主共和根基的中華民國奠定基礎。

## 壹、學會的轉型

晚清江蘇省學會運動發展過程中雖然具純粹的學術性學會不多，但是不管是以任何目的設立的學會，基本上都是以變革、富強爲中心思想，期能在國民的強學與努力下救亡圖存，且無論在質與量上皆足以顯現清末學會發展之各種傾向，展現其因時代特性被賦予複雜功能、多元化之特色，特別是上海地區學會發展更具特色，影響成效更顯著。

首先，晚清江蘇省學會的興設爲日後江蘇省興設具近代西方社團組織奠定基礎。作爲中國近代化的先驅，康有爲、梁啓超等人認爲增強社會凝聚力、學習西方制度與學術、探索和傳授科學新知，是中國邁向富強之必要取徑，於是再也不滿足於獲得進士舉人功名，不以官位升遷爲生涯標的，而以改革中國，反抗列強各國加諸於中國的不平等待遇爲目標，期能結合志同道合之士講求學問、謀求政治、經濟、社會之改良革新，而學會正是「以群爲體、以變爲用」的體現，於是自清光緒二十一年（1895）北京強學會成立後，這

---

〔註 3〕佚名輯，《清末籌備立憲檔案史料》，上冊，頁 59。

種既可「學之以治愚，又可群之以治散」的學會組織，便在中國各地興設發展。在清末全國創設的學會中，有將近三分之一是在上海和江蘇省境內興設，即充分展現學會這種具有近代性色彩的新型社團組織的發展，以及將社會中渙散的力量凝聚成具有新的一股社會力量。

而就江蘇省這些學會的組織型態觀察，戊戌政變前上海及江蘇省各地的學會組織形式，大致上有兩種，一為於一地成立總會，各地成立分會，進而形成一省有一省之會，一府有一府之會，一州縣有一州縣之會，一鄉有一鄉之會，〔註4〕則可以開風氣而修庶政。如於全國各省成立戒纏足會，形成風氣，讓全婦女能成為一健康自主的女性。一為成立具有個別功能的專門性學會，如地圖公會、譯書公會、醫學會等。其後，隨著知識分子對新式學會的認識與運用日深，庚子事變後上海及江蘇省各地的學會組織形式就顯得多元化，特別是立憲及地方制度方面的學會，發展迅速且蓬勃。

庚子事變以後就江蘇省而言，學會組織結合並促進地方制度的改革。從長期眼光來看，清末大分的學會雖然旋起旋滅，存在時間短暫，江蘇省成立的一百多學會，即呈現此一特色。但是從晚清中國社會的變遷脈絡來看，學會運動的開展，反映中國士紳意識到動員結合群力進行國家社會的改革的需要，從而促進了集會結社之合法化與政黨的產生。上海強學會以及於江蘇省各縣市成立的立憲和地方自治研究會，基本上已略具組織社會力量參與政治活動、追求政治權力之功能。

在立憲派士紳的要求與清廷立憲的措施下，江蘇省各地地方自治研究會及憲政研究會、預備立憲公會、諮議局研究會等公開的宣傳與活動，觸發了江蘇省人民（特別是積極參與的士紳）參與地方行政的興趣；各學會舉辦的講習所，出版的地方自治刊物更開啓了士民的政治眼光。如果說：「立憲大本在政府，人民宜各任實業、教育，為自治基礎，與其多言，不如人之實行，得尺進尺，得寸進寸」，〔註5〕那麼，學會組織的確助長了江蘇省地方制度的改革，並給予地方紳商及知識分子一個機會去鍛鍊他們領導社會運動的能力。如江蘇教育總會於宣統年間致力於透過國會請願運動尋求教育改革，及至辛亥革命爆發後，體認清政府已是長日將盡，民主才是國家發展眞諦，部

---

〔註4〕梁啓超，〈論學會〉，《飲冰室文集》（臺北：中華書局，民國49年，初版），第一冊，頁33～34。

〔註5〕張謇，〈嗇翁自訂年譜〉，載於張孝若編著，《南通張季直先生傳記》，頁60。

分會員遂直接或間接參與江蘇省部分地區的光復活動。〔註6〕其後至民國初年，江蘇省的會社仍蓬勃發展，尤以政治性結社居多，佔全國百分之三十七點八，〔註7〕顯示江蘇省人民（至少大部分士紳）已懂得社會群眾運動之重要。

　　然而，不可忽視的是在主張改革的康有為、梁啓超等人透過學會體現其參與改革社會主張，或從事「保中國不保大清」〔註8〕活動的同時，主張激烈變動的革命派亦利用學會組織宣傳其排滿之革命活動。特別是自清光緒二十六年（1900）以後，鑑於清政府昧於時局及牛步改革措施，大部分知識分子意識到僅憑輸入西學知識不足以振衰起弊，若無激烈之變革，無法救亡圖存，因之革命勢力愈來愈興盛，特別是接受西方新知勇於改革的革命黨人，感受到民族文化存亡之危機，深刻的體認到組織學會除可合群力開通民智之外，更可藉此培育革命人才，因之組設如中國教育會、愛國學社等之類學會，一方面推動教育，一方面透過學會興辦學校、報刊雜誌，宣揚民主思想及革命主張，更對革命勢力之發展，有推波助瀾之功。當然，必須注意的是由於革命黨人還會設立一些名為學會實則行革命之實的學會，利用學會組織一方面掩護其激烈的革命活動，並用以聯絡革命志士、吸收同志，因其基本上並未以學術或知識為基點，且以暗殺或武力等激烈活動為手段，故於並未本文納入論述。

## 貳、影　響

　　江蘇省學會的多面向功能取向，打破了傳統中國的家族小群觀念。學會最初是救國的途徑之一，但其普遍發展，卻逐漸打破部分傳統以家族的、血緣的、地域的小群觀念，培養促進大群體意識的產生，以及專業性之業緣化學會的出現。江蘇省學會領導參與者，雖仍以江蘇省籍為主體，但來自其它各省參與人士合起來亦不少於江蘇省籍，他們在每一個學會活動中，共同為

---

〔註6〕上海社會科學院歷史研究所編，《辛亥革命在上海史料選輯》，（上海：上海人民出版社，1981年），頁79～92。

〔註7〕王樹槐，《中國現代化的區域研究──江蘇省，1860～1916》，中央研究院近代史研究所專刊（48）（臺北市：中央研究院近代史研究所，民國73年，初版），頁541。

〔註8〕有關維新派「保中國不保大清」之組織活動可參閱黃彰健，《戊戌變法史研究》，中央研究院歷史語言研究所專刊54（臺北市：中央研究院歷史語言研究所，民國59年）一書之論述。

某一理想而努力,如戒纏足會之呼籲女子不纏足,戒煙會之禁吸食鴉片,世界女子協會之振興女權,使個人脫離家族權威的束縛,增進了個人與廣大社會之間的連繫,從而提高個人對社會國家的認同感。尤其是士紳階層,傳統士紳爲政權的一部分,〔註 9〕但學會活動使他們從君主的附庸中獨立自主出來,〔註 10〕學習了解到與群眾結合之重要,以群體力量進行政治社會改革及建構新的知識體系,其影響及效用較之個人或士子獨力呼籲來得大且有效。

透過學會結合志同道合者興辦教育、開啟民智的理念,鼓舞激發了學習西方新知的力量,促使西方文化思潮在中國的快速傳播,從江蘇省成立的學會中以進行西學之研究之學術藝文類比例最高可見一斑。這種爲共同目標而結合的理念之具體化,無形中促進了西方文化及科學新知在中國的迅速發展,江蘇省學會中之算學會專門研究科學,中國醫學公會以研究醫學、鐵路研究會專以倡導發展鐵路爲主等學會的發展,顯示學會從最初爲救國之抽象模糊的概念,逐漸轉型落實到具現代專業性的會社,這種會社至民國以後表現得最明顯的即是中國科學社的創設。〔註 11〕

基本上,學會組設的目的是合群以開風氣而挽世變,立新知以廣聲氣而啟民智,因此一如全國各地興設的學會,江蘇省大部分的學會都有共同遵守的章程和明確的宗旨,以及發行報刊,譯書、出版學報和書籍、辦學校、設立博物館、藏書樓等活動,無論是在傳播西學新知、保存國學、推動教育、養成人才,都有其正面的功用。其中,報刊的興辦更是學會的主要活動之一。學會創辦者大多數能體認到報紙具有「海內移風」之作用,因此在上海及江蘇省境內設立的較具規模的學會,幾乎都有興辦報刊的活動,甚至學會已停止運作,但其部分成員卻仍投入報刊之發行。如上海強學會、強學報封閉及

〔註 9〕 有關士紳階層與傳統政權之關係可參看:Chung-Li Chang, *The Chinese Genrty*, Washington University Press, Fourth Print-ing, 1974. Hsiao-tung Fei, *China's Gentry*, Chiago Univer-sity Press, Second Impression, 1968.費孝通等著,《皇權與紳權》(上海觀察社,民國 37 年,初版),等書。

〔註 10〕 魏斐德(F. Wakeman Jr.)著,劉唐芬譯,〈獨立自主的代價——知識份子與明清政治〉,載於徐復觀等著,《知識份子與中國》(臺北市:時報出版社,民國 69 年,初版),頁 271~314,作者以學會乃清末知識份子尋求獨立自主之一途徑。

〔註 11〕 有關中國科學社之組織活動可參閱郭正昭,〈中國科學社與中國近代科學化運動(1984~1985)——民國學會個案探討之一〉,載於中華民國史料研究中心編《中國現代史專題研究報告》(臺北縣新店市:中華民國史料研究中心,民國 60 年),第一輯,頁 232~281。

停刊後，汪康年、梁啓超等人以強學會餘款創刊《時務報》，數月間銷售發行量已達萬份，「爲中國有報以來所未有」，成爲當時銷售最多、發行時間較長的「民報」，對當時的中國社會深具影響力。〔註12〕

自清光緒二十一年（1895年）強學會成立，《強學報》刊行後，上海及江蘇省各地學會林立、報刊盛行，既有地域性和專業性學會的興設，亦有各種報刊發行。當然，不可否認的當時學會及其活動雖彙集了志同道合的知識分子合群力以啓民智，但是其訴諸對象——廣大的群眾，大多數仍處於被動的地立，且由於部分保守士紳的反對與執行上的偏差，使合人群、開風氣、開民智的目標難以在都市以外廣大的鄉間，以及與外國接觸較少或偏遠保守的地區發展；也因此可以看到在江蘇省設立的學會及其宣傳、活動影響範圍，主要集中於上海和近海城市中。

江蘇省初期學會發展是受國族主義、群體意識、求富求強的激發，認爲學會乃救國以及改良國政的良方，故其活動著重於喚起群眾之精神與意志，以及思想的啓發，而缺乏一種較具體群眾組織的觀念，所以學會集會及活動大多是零散的，加上有部分戊戌變法的領導者倡導學會，期藉由有組織的社會群眾力量，批判改革現實政治體制，因之部分坐擁政權的保守分子視學會爲叛亂之朋黨，對學會的宣傳及活動予以排斥禁止，強學會及強學報因此遭到封禁，清光緒二十四年（1898）戊戌黨禁更因而使方興未艾之學會爲之頓挫。然而，戊戌變法前的學會已促使部分士紳認識到合群團結、開啓民智的可貴，及其對變法維新的助力，因此學會雖然受到戊戌政變而暫挫，但是在光緒二十六年（1900）庚子變後，學會的興設即如雨後春筍般蓬勃發展，特別是和立憲有關的學會。

清光緒三十年（1904）後，爲實行立憲而有教育會、地方自治會等方面的學會，獲得地方士紳及商人頗多的支持，雖然這其間不免涉及紳商們的私利及地方主義觀念等因素，特別是自己的家鄉，自己來治理的觀念，使他們特別支持地方自治研究會、教育會的活動，如此不僅迎合了改革的風潮，且可維持其在地方上的利益。但另一方面，部分士紳也因爲維護其權利，使各

〔註12〕 有關《時務報》活動可參閱湯志鈞，《戊戌變法史論叢》（臺北：谷風出版社，1986年），頁301～314。《時務報》，屬旬刊性質，於光緒二十二年七月一日（1896年8月9日）於上海創刊，光緒二十四年六月二十一日（1898年8月8日），共出版九六冊。

種活動在執行上有所偏移，以致引起群眾不滿，如：士紳們常常以自治為名收稅，而將稅收飽入私囊，直接影響到人民的權益，造成無謂的紛爭，這是當初倡導學會運動者所始料未及的。

　　綜言之，十九世紀末的中國士紳，受到伴隨著西方帝國主義侵略而來的社爾文主義的影響，在其「物競天澤、適者生存」基本理論強烈的論證，以及與西方列強屢戰屢敗的亡國滅種危機意識下，中國士紳逐漸建構出一套新的求變思想及富強觀。最重要的是弱肉強食、優生劣敗的殘酷現實，敲醒中國國家存亡的警鐘，激起晚清士紳救亡圖存之群體意識的覺醒。從清末江蘇省學會運動的發展歷程觀察，其合群力開啓民智、合群力救國，積極傳播西學新知、改革社會風俗，建立新文化概念開始，到部分學會成為立憲派與革命派宣傳組織及活動方式之一，在在顯示這些團體的活動係與當時社會思潮結合，對近代中國社會組織及結構的轉型具有一定的影響力，且有助於中國社會組織的現代化。民國成立以後，晚清的諸多學會繼續存在，並逐漸轉型為專業性社團組織，以謀求團體或整個社會的公共利益為目標，徹底改變傳統會社組織形態，建立新的群體意識和認同歸屬感，提供多元化的社團組織管道和活動空間，正是晚清學會運動發展積累之結果。

# 附圖：晚清江蘇省學會分布圖

這些地區除上海地區有 105、江寧 11、蘇州 10、嘉定 6、揚州 4、江都 3、寶山 3、青浦 2、宜荊 2 個學會以外，各城市皆僅有一個學會。

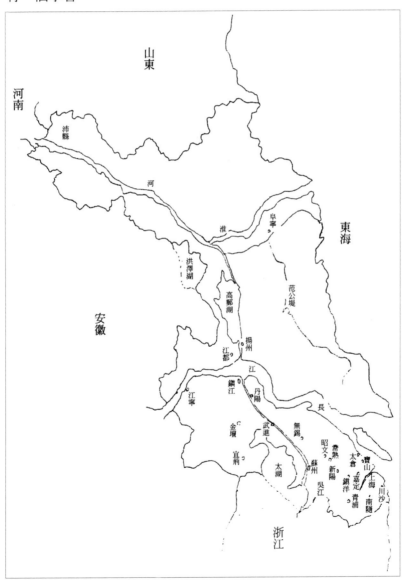

# 參考書目

一、方　志

1. 于書雲修、趙錫蕃纂，《沛縣志（民國 9 年刊本）》。臺北市：成文出版社，
   民國 64 年，影印本。

2. 方鴻鎧修、黃炎培纂，《川沙縣志（民國 25 年刊本）》。臺北市：成文出版
   社，民國 63 年，影印本。

3. 王祖畬等纂，《太倉州志（民國 8 年刊本）》。臺北市：成文出版社，民國
   64 年，影印本。

4. 王祖畬等纂，《鎮洋縣志（民國 8 年刊本）》。臺北市：成文出版社，民國
   64 年，影印本。

5. 余家謨等修、王嘉詵等纂，《銅山縣志（民國 15 年刊本）》。臺北市：成文
   出版社，民國 59 年，影印本。

6. 吳寶瑜修、龐友蘭纂，《阜寧縣新志（民國 22 年刊本）》。臺北市：成文出
   版社，民國 64 年，影印本。

7. 吳馨、姚文枏等纂，《上海縣志（民國 24 年刊本）》。臺北市：成文出版社，
   民國 64 年，影印本。

8. 胡爲和修、孫國鈞纂，《丹陽縣續志（民國 16 年刊本）》。臺北市：成文出
   版社，民國 63 年，影印本。

9. 張仁靜修、錢崇威纂、金詠榴續纂，《青浦縣續志（民國 23 年刊本）》。臺
   北市：成文出版社，民國 64 年，影印本。

10. 張允高、錢淦等纂，《寶山縣續志（民國 10 年刊本）》。臺北市：成文出版
    社，民國 64 年，影印本。

11. 張紹榮、蕭穆纂，《續纂句容縣志（清光緒 30 年刊本）》。臺北市：成文出
    版社，民國 63 年，影印本。

12. 曹允鴻等纂，《吳縣志（民國 22 年刊本）》。善本書。民國二十二年蘇州文新公司排版

13. 陳作霖編輯，《金陵通紀（清光緒 33 年刊本）》，臺北市：新文豐出版社，民國 64 年，影印本。

14. 陳思、繆荃孫纂，《江陰縣志（民國 9 年刊本）》。臺北市：成文出版社，民國 72 年，影印本。

15. 陳善謨等修、徐保慶等纂，《光宣宜荊續志（民國 9 年刊本）》。臺北市：成文出版社，民國 59 年，影印本。

16. 陳傳德修、黃世祚纂，《嘉定縣續志（民國 19 年刊本）》（臺北市，成文出版社，民國 64 年，影印本。

17. 馮煦等纂，《金壇縣志（民國 10 年刊本）》。臺北市：成文出版社，民國 59 年，影印本。

18. 楊逸纂，《上海市自治志（民國 4 年刊本）》。臺北市：成文出版社，民國 63 年，影印本。

19. 諸可寶輯，《江蘇全省輿圖（清光緒 21 年刊本）》。臺北市：成文出版社，民國 63 年，影印本。

20. 錢祥寶、桂邦傑等纂，《甘泉縣續志（民國 15 年刊本）》。臺北市：成文出版社，民國 64 年，影印本。

## 二、史　料

1. 上海社會科學院歷史研究所編，《辛亥革命在上海史料選輯》。上海：人民出版社，1981 年，初版。

2. 上海通社，《上海研究資料》。臺北：中國出版社，民國 62 年，初版。

3. 上海通社，《上海研究資料續集》。臺北，中國出版社，民國 62 年，初版。

4. 上海圖書館編，《中國近代期刊篇目彙錄》，二冊。上海：上海人民出版社，1980 年二版。

5. 于寶軒編，《皇朝蓄艾文編》。臺北：學生書局，民國 54 年，初版。

6. 中國國民黨中央黨史委員會編，《同盟會革命史料（二）》，《革命文獻》，第六六冊。臺北：中國國民黨中央黨史委員會，民國 63 年，初版。

7. 中國國民黨中央黨史委員會編，《興中會革命史料》，《革命文獻》，第六四冊。臺北：中國國民黨中央黨史委員會，民國 62 年，初版。

8. 中華民國開國五十年文獻委員會編，《中華民國開國五十年文獻》，第一編第七冊、第八冊，清廷之改革與反動。臺北：中國國民黨中央黨史委員會，民國 54 年，初版。

9. 王先謙等纂輯，《十二朝東華錄》。臺北：文海出版社，民國 52 年，初版。

10. 多賀秋五郎編，《近代中國教育史資料（清末篇）》。臺北：文海出版社，

民國 65 年，初版。

11. 佚名，《戊戌變法檔案史料》，近代中國史料叢刊續編，第三十二輯。臺北：文海出版社，民國 65 年，初版。

12. 佚名，《清末籌備立憲檔案史料》，近代中國史料叢刊第八十一輯。臺北：文海出版社，民國 70 年，初版。

13. 李懷道編，《辛亥革命江蘇地區史料》。江蘇：人民出版社，1961 年，初版。

14. 東亞同文會編，《民國五年中國年鑑》。臺北：天一出版社，民國 64 年，影印本。

15. 邵之棠編，《皇朝經世文統編》。臺北：文海出版社，民國 69 年，影印初版。

16. 宓汝成，《近代中國鐵路史資料》，三冊，近代中國史料叢刊續編第四十輯。臺北：文海出版社，民國 66 年，影印初版。

17. 張靜廬編，《中國近代出版品史料》，二編。上海：中華書局，1957 年，初版。

18. 教育部中國教育年鑑編纂委員會編，《第一次中國教育年鑑》。臺北：宗青圖書公司，民國 70 年，印影初版。

19. 麥仲華編，《皇朝經世文編（清光緒二十八年刊本）》，近代中國史料叢刊第七十八輯。臺北：文海出版社，民國 61 年，影印初版。

20. 商務印書館編印，《中外條約彙編》。上海：商務印書館，民國 24 年，初版。

21. 舒新城編，《近代中國教育史料》，近代中國史料叢刊續編第六十六輯。臺北，文海出版社，民國 68 年，影印初版。。

22. 清宣統間敕撰，《大清德宗景皇帝實錄》，楊家駱主編，《清光緒朝文獻彙編》，第七至十二冊。臺北：鼎文書局，民國 67 年，初版。

23. 楊家駱編，《戊戌變法文獻彙編》。臺北：鼎文書局，民國 62 年，初版。

24. 趙爾巽等撰，《清史稿》。臺北：鼎文書局，民國 70 年，初版。

## 三、專　著

1. 丁文江，《梁任公先生年譜長編初稿》。臺北：世界書局，民國 48 年，初版。

2. 厂民，《當代中國人物志》，近代中國史料叢刊續編第五十輯。臺北：文海出版社，民國 67 年，影印初版。

3. 大陸雜誌社編，《中國近代學人象傳初輯》。臺北：大陸雜誌出版社，民國 60 年，初版。

4. 小野川秀美著，林明德、黃福慶譯，《晚清政治思想研究》。臺北：時報出版事業有限公司，民國 71 年，初版。

5. 中國國民黨中央黨史史料編纂委員會編，《革命人物志》，第五集。臺北：中國國民黨中央黨史委員會，民國 59 年，初版。

6. 中國國民黨中央黨史史料編纂委員會編，《革命人物志》，第六集。臺北：中國國民黨中央黨史委員會，民國 60 年，初版。

7. 中國國民黨中央黨史史料編纂委員會編，《革命先烈先進傳》。臺北：中央文物供應社，民國 54 年，初版。

8. 中國國民黨中央黨史史料編纂委員會編，《蘇報案紀事》。臺北：中國國民黨中央黨史委員會，民國 57 年，初版。

9. 方豪編，《馬相伯先生文集續編新編》。臺北：文海出版社，民國 61 年，初版。

10. 王先慎著，《韓非子集解》。臺北：世界書局，民國 50 年，三版。

11. 王爾敏，《晚清政治思想史論》。臺北：華世出版社，民國 69 年，三刷。

12. 王德毅，《王國維先生年譜》。臺北：臺灣商務印書館，民國 56 年，初版。

13. 王樹槐，《中國現代化的區域研究──江蘇省（1860～1916）》，中央研究院近代史研究所專刊（48）。臺北：中央研究院近代史研究所，民國 73 年，初版。

14. 王樹槐，《外人與戊戌變法》，中央研究院近代史研究所專刊（12）。臺北：中華院近史所，民國 69 年，二版。

15. 王蘧常撰，《嚴幾道年譜》。臺北：臺灣商務印書館，民國 66 年，臺一版。

16. 包天笑，《釧影樓回憶錄》，近代中國史料叢刊第五輯。臺北：文海出版社，民國 63 年，影印初版。

17. 北京敷文社編，《最近官紳履歷彙錄（第一集）》，近代中國史料叢刊第四十五輯，臺北，文海出版社，民國 59 年，影印初版。

18. 史華慈等著，《近代中國思想人物論──自由主義》。臺北：時報出版社，民國 69 年，初版。

19. 宋希尚編，《張謇的生平》。臺北市：中華叢書編審委員會，民國 52 年，初版。

20. 吳天任，《黃公度先生傳稿》。香港：中文大學，1972 年，初版。

21. 吳圳義，《清末上海租界社會》。臺北：文史哲出版社，民國 67 年，初版。

22. 吳相湘著，《民國百人傳（第一冊）》，傳記文學叢刊之十八。臺北：傳記文學社，初版。

23. 岑德彰，《上海租界略史》，近代中國史料叢刊第六十四輯。臺北：文海出版社，民國 60 年，影印初版。

24. 李平書，《且頑老人七十自敘》，近代中國史料叢刊續編第五輯。臺北：文海出版社，民國 63 年，影印初版。

25. 李守孔，《唐才常與自立軍》，中國現代史叢刊第六冊，臺北：正中書局，民49年，初版。

26. 李定一，《中美早期外交史》。臺北：傳記文學出版社，民國67年，初版。

27. 李定一，《中國近代史》。臺北：臺灣中華書局，民國42年，初版。

28. 李恩涵、張朋園等著，《近代中國——知識分子與自強運動》。臺北：食貨月刊社，民國66年6月，二版。

29. 李恩涵，《晚清的收回礦權運動》。臺北：中央研究院近代史研究所，民國52年，初版。

30. 沈雲龍，《現代政治人物評述》。臺北：文海出版社，民國65年，三版。

31. 汪詒年，《汪穰卿（康年）先生傳記遺文》，近代中國史料叢刊第一輯。臺北：文海出版社，民國55年，臺初版。

32. 亞當斯密著、嚴復譯，《原富》。臺北：臺灣商務印書館，萬有文庫薈要，民國66年，臺一版。

33. 周振甫編，《嚴復思想述評》。臺北市：臺灣中華書局，民53年，臺一版。

34. 邵鏡人，《同光風雲錄》，近代中國史料叢刊續編第九十五輯。臺北：文海出版社，民國72年，影印初版。

35. 金梁輯，《近世人物志》，近代中國史料叢刊續編第六十八輯。臺北：文海出版社，民國68年，影印初版。

36. 柳棄疾，《南社紀略》。上海：人民出版社，1983年，初版。

37. 胡頌平，《胡適之先生年譜長編初稿》。臺北：聯經出版社，民國73年，初版。

38. 胡樸安編，《南社叢選》，近代中國史料叢刊第三輯。臺北：文海出版社，民國56年，臺初版。

39. 孫本文，《近代社會學發展史》。臺北：臺灣商務印書館，民國57年6月，臺一版。

40. 徐高阮等著，《近代中國思想人物論——自由主義》。臺北：時報出版事業有限公司，民國69年6月20日，初版。

41. 徐復觀先著，《知識分子與中國》。臺北：時報出版社，民國72年，四版。

42. 徐賓撰，《歷代黨爭》。臺北：廣文書局，民國63年，初版。

43. 馬建忠，《適可齋記言記行》，近代中國史料叢刊第十六期。臺北：文海出版社，民國57年，影印初版。

44. 康有爲，《康南海先生自訂年譜》。臺北：文海出版社，民國61年，初版。

45. 康有爲，《康南海先生詩集》，近代中國史料叢刊續編第四輯。臺北：文海出版社，民國63年，影印初版。

46. 張玉法，《清季的立憲團體》。臺北：中央研究院近代史研究所，民國60

年，初版。

47. 張玉法，《清季的革命團體》。臺北：中央研究院近代史研究所，民國 71年，二版。

48. 張存武，《光武卅一年中美工約風潮》。臺北：中國學術著作獎助委員會，民國 54 年，初版。

49. 張孝若，《南通張季直先生傳記》。臺北：文海出版社，民國 70 年，影印初版。

50. 張孝若編，《張季子九錄》。臺北：文海出版社，民國 70 年，影印初版。

51. 張若谷，《馬相伯（良）先生年譜》。臺北：文海出版社，民國 60 年，影印初版。

52. 張灝等著，《近代中國思想人物論──晚清思想》。臺北：時報出版社，民國 70 年，二版。

53. 梁元生著，《林樂知在華事業與《萬國公報》》。香港：中文大學出版社，1978 年，初版。

54. 梁啓超，《戊戌政變記》。臺北：文海出版社，民國 53 年，初版。

55. 梁啓超，《近代學風之地理分布》。臺北：臺灣中華書局，民國 49 年，台一版。

56. 梁啓超，《清代學術概論》。臺北：中華書局，民國 45 年，初版。

57. 梁啓超，《飲冰室文集》。臺北：中華書局，民國 49 年，初版。

58. 梁啓超，《飲冰室文集類編》。臺北：華正書局，民國 63 年，初版。

59. 許同莘編，《張文襄公年譜》。臺北，臺灣商務印書館，民國 58 年，台一版。

60. 郭廷以，《近代中國史事日誌》，二冊。臺北：臺灣商務印書館，民國 52 年，初版。

61. 郭廷以，《近代中國史綱》。香港：中文大學出版社，1980 年，第二次印刷。

62. 郭廷以，《俄帝侵略中國簡史》，近代中國史料叢刊續編第九十九輯。臺北：文海出版社，民國 72 年，初版。

63. 陳登原，《國史舊聞》，第三分冊。臺北：明文出版社，民國 70 年，初版。

64. 陶英惠，《蔡元培年譜》。臺北：中央研究院近代史研究所，民國 65 年，初版。

65. 章炳麟，《章太炎先生自訂年譜》。香港：龍門書店，1965 年，初版。

66. 湯志鈞，《戊戌變法人物傳稿》。北京：中華書局，1982 年，二版。

67. 湯志鈞，《戊戌變法史論叢》。臺北：谷風出版社，1986 年，初版。

68. 費行簡，《近代名人小傳》，近代中國史料叢刊第八輯。臺北：文海出版社。

69. 費孝通等著,《皇權與紳權》。上海:觀察社,民國 37 年,初版。

70. 馮自由,《革命逸史》,五冊。臺北:臺灣商務印書館,民國 58 年,初版。

71. 黃福慶,《近代日本在華文化及社會事業之研究》,中央研究院院近代史研究所專刊（45）。臺北:中央研究院院近代史研究所,民國 71 年,初版。

72. 葉昌熾,《緣督廬日記》。臺北:臺灣學生書局,民國 53 年,初版。

73. 趙聰,《中國文學史綱》。香港九龍:友聯出版社,1963 年。

74. 趙鐵寒編,《文芸閣（廷式）先生全集》,近代中國史料叢刊續編第十四輯。臺北:文海出版社,民國 64 年,影印初版。

75. 樊蔭南編纂,《當代中國名人錄》。上海:良友出版社,民國 20 年。

76. 劉師培,《劉申叔先生遺書》。臺北:華世出版社,民國 64 年,初版。

77. 劉紹唐編,《民國人物小傳》,第一冊。臺北:傳記文學出版社,民國 64 年,初版。

78. 蔡可圖纂,《清代七百名人傳》。臺北:廣文書局,民國 67 年,初版。

79. 鄭觀應,《盛世危言增訂新編》。臺北:學生書局,民國 54 年。影印初版。

80. 蕭一山,《清代通史》,五冊。臺北:臺灣商務印書館,民國 52 年,初版。

81. 謝國楨,《明清之際黨社運動考》。臺北:商務印書館,民國 67 年,三版。

82. 羅曼諾夫（Pomahab）著、民耿譯,《帝俄侵略滿洲史》。臺北:學生書局,民國 62 年,初版。

83. 譚嗣同,《譚嗣同全集》。臺北:華世出版社,民國 66 年,初版。

## 四、期刊論文

1. 王爾敏,〈中國近代學會約論〉,《食貨月刊》,復刊第一卷第六期,民國 60 年 8 月 15 日,頁 287～295。

2. 王爾敏,〈清季學會彙表（下）〉,《大陸雜誌》,第二十四卷第三期（民國 51 年 2 月）,頁 16～23

3. 王爾敏,〈清季學會彙表（上）〉,《大陸雜誌》,第二十四卷第二期（民國 51 年 1 月）,頁 14～20。

4. 王爾敏,〈清季學會與近代民族主義的形成〉,《中華文化復興月刊》,第三卷第六期,民國 59 年 6 月,頁 5～10。

5. 王樹槐,〈江蘇民性與近代政治革新運動〉,《中央研究院近代史研究所集刊》（臺北市:中央研究院近代史研究所）,第七期（民國 67 年 6 月）,頁 51～94。

6. 王樹槐,〈基督教教育會及其出版事業〉,《中央研究院近代史研究所集刊》,第二期（臺北市:中央研究院院近史研究所,民國 60 年 6 月）,頁 365～396。

7. 王樹槐，〈清末江蘇地方自治風潮〉，《中央研究院近代史研究所集刊》，第六期上，（臺北市：中央研究院近代史研究所，民國 65 年 7 月），頁 313～327。

8. 王樹槐，〈清季的廣學會〉，《中央研究院近代史研究所集刊》，第四期上（臺北市：中央研究院近代史研究所，民國 62 年 6 月），頁 193～227。

9. 吳稚暉，〈回憶蔣竹莊先生之回憶〉，《東方雜誌》，第三三卷第一期，民國 25 年 1 月。

10. 吳桂龍，〈清末上海地方自治運動述論〉，《近代史研究》，第三期，1982 年。

11. 李守孔，〈論清季的立憲運動〉，《幼獅學報》，第二卷第二期（民 49 年 6 月），頁（3）1～（3）92＋左 2-3。

12. 沈懷玉，〈清末地方自治之萌芽〉，《中央研究院近代史研究所集刊》，第九期（臺北市：中央研究院近代史研究所，民國 69 年 7 月），頁 291～320。

13. 沈懷玉，〈清末自治思想的輸入〉，《中央研究院近代史研究所集刊》，第八期（臺北市：中央研究院近代史研究所，民國 68 年 10 月），頁 159～182。

14. 汪榮祖，〈晚清變法思想之淵源與發展〉，《師大歷史學報》，第七期（民國 68 年 5 月），頁 229～252。

15. 柳亞子，〈南社大事記〉，《越風半月刊》，第九期，民國 25 年 3 月 2 日。

16. 胡懷琛，〈南社的始末〉，《越風半月刊》，第一期，民國 24 年 10 月 16 日。

17. 張玉法，〈戊戌時期的學會運動〉，《歷史研究》，1998 年 5 期，頁 5～26。

18. 梁惠錦，〈南社──清末民初的革命文藝團體〉，《中國歷史學會史學集刊》，第十二期，民國 69 年 5 月），頁 247～261。

19. 許弘義，〈國學保存會的組織與活動〉，《食貨月刊》，第五卷第九期（民國 64 年 12 月），頁 14～28。

20. 郭正昭，〈中國科學社與中國近代科學化運動（1914～1935）〉，中華民國史料研究中心，《中國現代史專題研究報告》第一輯，民國 60 年，初版。

21. 郭正昭，〈王光祈與少年中國學會，1918～1936〉，《中央研究院近代史研究所集刊》，第二期（臺北市：中央研究院近代史研究所，民國 60 年 6 月），頁 97～150。

22. 郭正昭，〈社會達爾文主義與晚清學會運動〉，《中央研究院近代史研究所集刊》，第三期下（臺北市：中央研究院近代史研究所，民國 61 年 12 月），頁 557～625。

23. 章太炎，〈黃晦聞墓誌銘〉，《越風半月刊》，第四期，民國 24 年 11 月 2 日。

24. 章楷，〈務農會、《農學報》、《農學叢書》及羅振玉其人〉，《中國農史》（南京：中國農學院南京農業大學），1985 年第 1 期，頁 82～88。

25. 湯志鈞,〈上海強學會和《強學報》〉,《社會科學》(上海市:上海社會科學院),1980 年第 3 期,頁 114〜124。

26. 閔杰,〈新發現的戊戌時期學會及其意義〉,《求索》,1993 年第 6 期,頁 107〜111。

27. 劉石吉,〈太平天國亂後江南市鎮的發展,1865〜1911〉,《食貨月刊》,第七卷第十一期,民國 67 年 12 月。

28. 潘君祥,〈我國近代最早的農業學術團體——上海農學會〉,《中國農史》(南京:中國農學院南京農業大學),1983 年第 1 期,頁 15〜16。

29. 蔣慎吾,〈我所知道的柳亞子先生〉,《越風半月刊》,第十四期,民國 25 年 5 月 30 日。

30. 蔣維喬,〈中國教育會之回憶〉,《東方雜誌》,第三三卷第一期,民國 25 年 1 月。

## 五、碩博士論文

1. 李昌華,《清季四川開民智運動之研究(1895〜1911)》。臺北:國立政治大學歷史研究所碩士論文,民國 69 年 1 月。

2. 周麗潮,《湖南開民智運動(1895〜1911)》。臺北:國立政治大學歷史研究所碩士論文,民國 71 年 6 月。

3. 高純淑,《華洋義賑會與民初合作運動》。臺北:國立政治大學歷史研究所碩士論文,民國 71 年 6 月。

4. 張建國,《辛亥前上海地區革命運動之研究》,臺北:國立政治大學三民主義研究所碩士論文,民國 66 年 6 月。

## 六、報紙期刊

1. 《上海市通志館期刊》,民國 22 年 6 月〜民國 24 年 3 月,一卷一期〜二卷四期。

2. 《申報》,宣統二年〜宣統三年,微縮片。

3. 《江蘇》。臺北:中國國民黨中央黨史委員會,民國 57 年,影印初版。

4. 《東方雜誌》,清光緒三十年〜宣統三年。臺北:臺灣商務印書館,影印初版。

5. 《俄事警聞》,清光緒二十九年〜清光緒三十年。臺北:中國國民黨中央黨史委員會,民國 57 年,影印初版。

6. 《時務報》,清光緒二十二年〜清光緒二十四年。臺北:華文書局,民國 56 年,影印出版。

7. 《時報》,宣統元年〜宣統三年,微縮片。

8. 《國風報》,宣統二年一月至三年六月。臺北:臺灣商務印書館,民國 63

年，影印初版。

9. 《國粹學報》，清光緒三十一年～宣統三年。臺北：臺灣商務印書館，民國 63 年，影印初版。

10. 《清議報》，清光緒二十四年十一月～清光緒二十七年十一月。臺北：成文出版社，民國 56 年，影印初版。

11. 《湘報類纂》。臺北：大通書局，民國 57 年，影印初版。

12. 《順天時報》，宣統三年，微縮片。

13. 《新民叢報》，清光緒二十八年～清光緒三十三年。臺北：藝文印書館，民國 55 年，影印初版。

14. 《萬國公報》，清光緒元年～清光緒三十二年。臺北：華文書局，民國 57 年，影印初版。

15. 《實學報》，清光緒二十三年。臺北：文海出版社，民國 85 年，影印本。

16. 《蘇報》，清光緒二十九年。臺北：中國國民黨中央黨史委員會，民國 57 年，影印初版。

17. 《警鐘日報》，清光緒三十年～清光緒卅一年。臺北：中國國民黨中央黨史委員會，民國 57 年，影印初版。

## 七、日　文

1. 田原禎次郎，《清末民初中國官紳人名錄》。北京：中國研究會，1918 年，初版。

2. 深沢秀男，〈變法運動と學會（上、下）〉。日本四國學院大學論集 13、14，1968 年 3～4 月。

3. 深沢秀男，〈變法運動と北京強學會〉。日本四國學院大學論集 15，1969 年 3 月。

4. 菊池貴晴，《中國民族運動の基本結構──對外ボイコット運動の研究》。東京：1974 年，增訂版。

5. 菊池貴晴，〈廣學會と變法運動序──廣學會の設立について〉。東洋史學論集一，1953 年。

6. 菊池貴晴，〈廣學會と中國變法運動に與えたゐ影響について──變法自風之一考察〉。歷史六，1953 年。

## 八、英文

1. Chang Chung-li, *The Chinese Genrty*. Washington University Press, Fourth Printing, 1974 .

2. Chu, Samuel C., *Reformer in Modern China: Chang Chien, 1853～1926*. Columbia University Press, 1965, Reprinted by Rainbow Bridge Co., Taipei,1973.

3. Fei, Hsiao-tung, *China's Gentry*. Chiago University Press, Second Impression, 1968 .

4. Latourette, Kennth Scott, *A History of Christian Missions in China.* London, Society for Promoting Christian Knowledge, 1929, Re-printed by Ch'eng – wen Publishing Co., Taipei, 1966.

5. Schwartz, Benjamin, *In Search of Wealth and Power: Yen Fu and the West.* Harvard University Press, 1964 .

6. Wright,Mary C., *China in Revolution: The First Phase, 1900～1913.* New York, 1968.